넘치는 복음, 낮춤과 섬김

어떻게 세상의 소금으로 살 것인가?

넘치는 복음, 낮춤과 섬김 **(워크북)**

초판 1쇄 인쇄 2023년 11월 1일
초판 1쇄 발행 2023년 11월 10일

지 은 이 ㅣ 김완섭
펴 낸 이 ㅣ 오복희

펴 낸 곳 ㅣ 도서출판 개혁과회복
등록번호 ㅣ 제2018-000044호
등록일자 ㅣ 2018년 4월 12일
주   소 ㅣ 서울특별시 송파구 마천로 100 C동 402호(오금동)
편 집 부 ㅣ 010-6214-1361
관 리 부 ㅣ 010-8339-1192
팩   스 ㅣ 02-3402-1112
이 메 일 ㅣ newvisionk@hanmail.net

디 자 인 ㅣ 참디자인

ISBN 979-11-89787-48-6 [03230]

J·M·D·C·훈련

넘치는 복음,
낮춤과 섬김

김완섭 지음

어떻게 세상의 소금으로 살 것인가?

워크북

도서출판
개혁과회복

머리말

　예수님은 복음을 실체적으로 보여주셨다. 예수님의 삶 자체가 복음인 것이다. 물론 예수님은 복음을 선포하시고 가르쳐주셨다. 하지만 만약에 예수님께서 3년 동안 이 땅에서 복음을 삶으로 보여주시고 마침내 십자가에 달리셔서 모든 고통과 조롱을 견디시다가 죽음을 맞이하지 않으셨다면 그 복음은 세상의 가르침과 별로 다를 바가 없었을 것이다. 예수님의 복음은 볼 수 있고 만질 수 있고 들을 수 있고 부딪힐 수 있도록 실체화된 진리였다. 그것이 마침내 부활을 통하여 완성되었던 것이다. 그것이 복음이다. 복음은 채찍질을 통하여 피가 튀기고 머리에 씌워진 가시면류관으로 인하여 피가 흘러내려야 복음인 것이다. 복음은 현실이라는 것을 강조하고자 하는 이야기이다.

　그런데 오늘날 복음은 너무나도 약화되어 있다. 복음은 예수님께서 주신 그대로이되 그 복음을 받아들인 그리스도인들이 전혀 복음적으로 생각하지도 못하고 복음대로 살 생각도 못하는 지경에 도달하였다. 그래서 원래 성도가 복음이어야 하는데 복음 따로 믿음 따로 생활 따로인 것처럼 여겨지기에 이르렀던 것이다. 물론 복음은 전하라고 주신 것이다. 그러나 전하는 방법은 단지 말이나 교회초청으로 국한해서는 안 된다. 복음은 언어와 행동과 삶을 보여주라고 주신 것이다. 우리가 복음이 되어야 한다는 말씀이다. 거기에 가장 합당하게 집필된 책이 바로 이 워크북의 본 교재인 『넘치는 복음, 낮춤과 섬김』이다.

이 책은 JMDC 훈련교재의 워크북으로 기획되어 있다. 워크북이란 책에 제시된 내용을 더 깊이 소화하기 위하여 문제형식으로 본문을 풀어서 공부가 될 수 있도록 만든 것이다. 그래서 그 내용을 곱씹어보게 함으로써 자기 것이 될 수 있도록 인도하려는 것이다. 하지만 본 워크북은 우리 그리스도인들의 신앙의식을 완전히 변화시킬 수 있도록 내용과 방식을 새롭게 시도한 책이다. 워크북은 워크북이되 마치 예수님께서 3년 동안 제자들을 훈련하시고 성령강림으로 인하여 완전한 제자 곧 사도로 변화시키신 것과 같은 목적으로 개발되었다.

우선 이 워크북을 지도자와 함께 진행하기 전에 반드시 해당 부분의 내용을 최소한 3회 이상 정독해야 한다. 그것도 연필, 빨간 펜, 검은 펜 순으로 밑줄을 그어가면서 내용을 소화한 다음에 그것을 요약하는 과정을 꼭 거칠 것을 권면한다. 그것이 훈련의 70%이다. 그렇게 하고 나서 이 워크북을 스스로 작성한 후에 비로소 만나서 함께 도전받은 내용을 나누는 것이다. 이것이 모든 JMDC 훈련에 제시되는 훈련방식이다. 이 한 권을 통하여 섬김에 대한 의식이 완전히 바뀌어서 세상을 회복하는 일에 긴요하게 쓰일 것을 기대한다.

* 이 워크북의 지침서는 Daum 카페 'JMDC운동본부'의 '정회원 자료방'에서 신청하시면 발송해드립니다.

Contents
차 례

제1부

그리스도인의 낮춤

제1장
왜 낮춤이어야 하는가?

율법의 핵심과 본질을 잃어버리고 세상의 가치를 그대로 쫓아가다가 낮춤을 잃어버린 대표적인 사람들이 바리새인들이다. 그들은 스스로 높아짐을 택하였다가 예수님으로부터 저주를 받았다. 바리새인들의 가장 큰 특징은 자기중심적이라는 것이다. 그들의 행함은 자기들을 드러내려는 행함이었다. 지금도 많은 단체 등에서 나눔과 섬김의 모습들을 빈번하게 보이고 있지만 대개 자기 공적 쌓기에 불과한 경우가 많다. 그렇게 된 원인은 낮춤이 없기 때문이다. 행함은 행함인데 공로요 자랑이요 명예요 권력이요 인정이요 지배를 위한 행함이다. 그래서 그것은 위선인 것이다.

하나님은 성도가 낮아질 때까지 기다리신다. 낮추지 않으면 깨닫지 못하기 때문이다. 낮춤이 얼마나 중요했든지 하나님은 이스라엘을 낮추시기 위하여 40년의 광야생활을 허락하셨다. 그리고 얼마나 낮추었는지를 시험하시기 위함이라고 하셨다. 낮춤이 아니면 그리스도인들은 사실상 아무 일도 할 수가 없다. 무슨 일을 해내고 공적을 쌓은 것 같아도 전부 자기 일을 한 것일 뿐이다. 꼭 낮춤이 일어나야 하는 이유들이 있다.

우리의 낮춤의 원형은 예수님의 낮춤이다. 왜냐하면 예수님의 낮춤으로 말미암아 우리가 자유를 얻었기 때문이다. 예수님의 낮춤으로까지 내려가지 못하면 그 믿음은 참 믿음이 못되는 것이다.

1. 예수님께서 받으신 영광은 어디에서 나온 것인가? 그리고 그것은 우리들에게 어떤 영향을 미치는가? (빌 3:21)

2. 십자가에 죽기까지의 낮춤에 의지할 때 우리가 얻을 수 있는 것들은 무엇인가? (마 11:29)

3. 예수님의 죽기까지의 낮춤은 제자들의 발을 씻기신 장면과 함께 어디에서 극명하게 드러났는가? (마 26:53~54)

4. 바울이 자기가 마땅히 사용할 수 있는 권리를 쓰지 않을 정도로 낮춘 목적은 무엇인가? (고전 9:12)

❷ 낮춤이 아니면 구원이 불가능하기 때문이다.

교만한 상태로 구원받을 수 있는 사람은 없다. 스스로 낮출 수 없으면 하나님은 기다리신다. 건강이든 물질이든 환경이든 어찌할 수 없어서 하나님을 의지할 때 비로소 믿음을 선물로 주신다.

1. 요나가 이방나라 니느웨에서 회개를 외쳤을 때 그들은 어떻게 반응하였고 그 결과는 무엇이었는가? (욘 3:10)

2. 하나님께서 솔로몬의 성전을 살펴보시고 가뭄이나 전쟁이나 해충이 돌 때에 고쳐주시는 조건은 무엇인가? (대하 7:14)

3. 우리가 한번 거듭났다고 해서 완전구원이 이루어지는 것이 아닌 이유는 무엇인가? 낮춤과 관련하여 설명하라. (잠 16:19)

4. 모든 일이 성공적이고 큰 업적을 이룬 사람들은 빨리 무엇을 행하여야 하겠는가? 왜 그런가? (빌 3:21)

왜 낮춤이어야 하는가?
❸ 낮춤이 아니면 감사를 드릴 수 없기 때문이다.

감사할 수 있는 조건에서만 감사한다면 바른 감사가 아니다. 멸망할 죄에서 구원 받은 백성들은 그 자체가 감사의 필요충분조건이다. 영원한 자유를 주셨는데 감사가 없다면 참 신앙이 아닐 것이다.

1. 날마다 진정한 감사를 드릴 수 있는 비결은 무엇이겠는가? (마 11:25)

2. 가장 낮은 나병환자들 중에서도 어떤 사람이 예수님께 감사하러 찾아왔는가? 감사의 마지막 결과는 무엇인가? (눅 17:15~16, 18~19)

3. 찬양의 조건과 감사의 조건은 무엇인가? 찬양할 때 가장 중요한 것은 무엇인가? 다윗은 무엇으로 감사했는가? (시 33:2)

4. 그 사람이 얼마나 자기를 낮추는 사람인가를 알아보려면 무엇을 보면 되겠는가? (시 100:4)

하나님의 은혜와 동행이 있어야 주를 따를 수 있다. 하나님의 은혜와 동행은 자신을 낮추는 사람만 가능하다. 하나님은 교만한 자를 물리치시고 통회하고 겸손한 사람과 함께하신다고 말씀하셨다.

1. 자기를 낮추는 일은 고난이나 어려움과 함께 온다. 그럴 때 하나님은 무엇으로 우리에게 힘을 더하여 주시는가? (사 29:19)

2. 낮춤을 가장 크게 훼방하는 것은 무엇인가? 낮춤을 잃어버렸을 때 성도는 어떤 결과를 받아들이게 되는가? (잠 18:12)

3. 낮춤이 아니면 언제라도 교만해질 수 있다. 낮추지 못했던 바리새인들은 어떤 지경에까지 이르렀는가? (마 23:15)

4. 예수님을 따르기 위한 조건은 무엇이며 그것은 어떻게 얻어질 수 있는가? (막 8:34)

❺ 낮추지 않으면 섬김도 불가능하기 때문이다.

그리스도인의 모든 미덕은 낮춤으로부터 시작된다. 지극히 낮아져서 하나님 없이 살 수 없는 절대적 가난이 심령의 가난이다. 비움이든 버림이든 섬김이든 낮춤이 아니면 이루어질 수가 없다.

1. 신앙생활을 잘 하는 사람이란 어떤 사람이고 교회는 어떤 사람들의 모임이어야 하는가? (빌 2:3)

2. 예배와 설교의 종점은 어디라야 하는가? 그것이 사라지면 교회는 어떻게 변해버리겠는가? (벧전 5:5~6)

3. 낮춤의 중대한 목표는 무엇이고 그렇게 되어야 하는 핵심적인 목적은 무엇인가? (고후 11:7)

4. 예수님의 근본적 목적은 인간의 구원이다. 그리고 거기에 못지않게 중요한 목적은 무엇이며 그 결과는 무엇인가? (엡 1:22, 약 4:10)

왜 낮춤이어야 하는가?
❻ 나눔과 적용

예수님은 죽기까지의 낮춤과 종의 낮춤까지 내려가셨다. 마찬가지로 우리도 예수님의 낮추심까지 내려갔을 때 복음을 받아들일 수 있었다. 하지만 낮춤은 구원에만 필요한 것은 아니다. 왜냐하면 낮춤이 전제되지 않으면 주님을 따르는 것도, 진정한 감사를 드리는 것도, 진정한 섬김도 불가능하기 때문이다. 섬김과 감사와 찬양을 논하기 전에 우리가 얼마나 하나님과 사람 앞에 낮추어졌는가를 먼저 살펴보아야 한다. 그것이 진정한 영성이고 신앙의 깊이인 것이다.

1. 당신은 믿음 안에서 하나님과 사람 앞에 얼마나 낮추어져 있다고 생각하는가?

2. 당신의 현재 낮춤의 상태가 충분치 못하다면 그 이유는 무엇이라고 생각하는가?

왜 낮춤이어야 하는가?
❼ 마무리 기도

　사랑의 아버지 하나님. 예수님의 낮추심이 아니면 우리의 구원도 물론 불가능하고 영원한 나라를 향한 몸부림도 아무 소용이 없을 텐데, 도저히 구원받을 수 없는 우리 죄인들을 위해 종의 모습으로 내려오시고 십자가의 모진 고난을 받으시기까지 낮추심을 생각할 때 신앙생활을 너무 쉽게 하고 있다는 생각을 지울 수 없습니다. 아버지, 예수님의 십자가의 낮추심이 이렇게 소중한데 우리는 모든 경우에 예수님의 낮추심을 거의 생각하지 않고 있었습니다. 이제 예수님의 목숨을 버리신 그 처절하고 값비싼 복음을 다시 깊이 깨닫게 해주심을 진정으로 감사를 드립니다.

　아버지, 우리 신앙생활의 모든 요소들마다 예수님의 낮춤이 깊게 받치고 있기 때문에 참된 신앙이 가능한 것인데 지금까지 관념적으로만 생각해 왔음을 고백합니다. 감사이든 찬양이든 예배이든 섬김이든 그리스도의 낮춤이 빠진다면 단지 허울 좋은 종교 활동에 그칠 뿐임을 알게 됩니다. 그 낮춤을 우리의 낮춤으로 받아들인 후에야 비로소 모든 신앙이 신앙다워짐을 믿습니다. 이제 우리들이 심령 깊숙한 곳에 예수님의 낮춤으로 가득 채워서 우리도 예수님처럼 사람들 앞에 낮춤으로써 그리스도의 사랑이 더욱 널리 알려지도록 우리를 도와주옵소서. 우리를 위해 죽기까지 낮추신 예수 그리스도의 이름으로 기도드립니다. 아멘.

제2장
비움이 낮춤이다.

비움이 없는 낮춤은 위선일 뿐이다. 버림이 없는 겸손은 외식일 뿐이다. 사람은 자기를 낮추는 사람을 정확하게 분별할 수 없지만 하나님은 그 사람의 모든 속마음까지 다 알고 계신다. 우리가 추구해야 할 기독교개혁은 속마음의 개혁이어야 하는 이유이다. 외적으로 놀라운 일을 감당하고 있는 한국교회이지만 날로 쇠퇴해가고 있다. 복음의 본질과 핵심을 다 잃어버린 채 겉모습만의 부흥이나 성장을 추구하기 때문에 기독교가 쇠락하고 있는 것이 아닌가? 그런 의미에서 비움으로 인한 낮춤이라는 말은 너무나도 소중한 것이다.

그리스도인에게 있어서 지속적으로 필요한 심령은 비움의 심령이다. 교회의 위기는 쌓아놓고 높아지고 유명해지고 인정받고 번영하고 성공하는 것을 쫓아가기 때문이 아닌가? 우리들 속에서 어떻게 한 번 성공해보고 부흥해보고 싶은 욕망이 있는 한 모두가 타락한 것이다. 무엇을 비워야 낮출 수 있고 그 낮춤으로 섬길 수 있겠는가? 죄와 욕심을 비우고, 자랑과 공로를 버리고, 지식과 전통에 얽매이지 않고, 그리고 물질을 비롯한 자기 소유를 버릴 수 있어야 진정 낮추는 것이다. 물론 우리는 오로지 예수님의 비우심을 쫓아가야 한다.

비움이 낮춤이다
❶ 예수님의 비우심

예수님의 비우심은 그리스도로서의 비움이었고, 그것은 하나님과 동등 됨 곧 신성을 비우신 것이다. 그 이유는 부르심을 받은 사람들이 그렇게 비우고 살기를 원하시는 것이기 때문이다.

1. 예수님은 신성을 비우셨다면 우리는 무엇을 비워야 하는가? 그것을 비울 때 우리에게는 무엇이 주어지는가? (요일 5:4)

2. 예수님은 비우심을 위하여 얼마나 애를 쓰셨는가? 그렇게까지 애쓰셔야 했던 이유는 무엇인가? (눅 22:44)

3. 예수님이 체포되실 때 칼을 휘두른 베드로에게 무엇이라고 하셨는가? 무엇을 내려놓으신 비움이었는가? (마 26:53~54)

4. 자기를 비우면 어떤 대접을 받게 되는가? 그리고 그런 비우심의 결과는 무엇으로 나타나는가? (빌 2:8)

❷ 욕심, 죄를 비워야 낮춘다.

가장 큰 근원적인 걸림돌인 자기중심성 때문에 욕심이 크고 신앙이 성장할 수 없다. 욕심이 가득 차면 하나님도 한탄하시고 결국 하나님은 노아를 준비시키시고 대홍수를 결정하셨다.

1. 욕심을 버리지 못하면 우선적으로 어떤 결과를 나타내게 되는가? (시 10:3)

2. 욕심의 실체는 결국 무엇이며 그것이 어떻게 신앙의 결실을 막게 되는가? (막 4:18~19)

3. 욕심을 이기고 비울 때 우리들에게 나타나는 두 가지 근원적인 선물은 무엇인가? (롬 6:17, 엡 4:22~24)

4. 예수님을 따라 모든 욕심을 이길 수 있는 근원적이고 완전한 방법은 무엇인가? (갈 5:24)

비움이 낮춤이다
❸ 자랑, 공로를 버려야 낮춘다.

자랑이란 자기가 모든 것을 이루었다는 자기과시이다. 기드온에게 300명만 주시고 적을 무찌르게 하심은 자랑하지 못하게 하심이었다. 인간이 자랑하는 순간 하나님은 사라져버리기 때문이다.

1. 야고보가 인간의 모든 자랑은 악한 것이라고 한 이유는 무엇인가? (약 4:16)

2. 모든 자랑은 하나님이 아니라 세상으로부터 온 것이다(요일 2:16). 그러면 우리는 무엇을 자랑해야 하는가? (렘 9:24)

3. 자기를 자랑하는 사람은 무엇을 가로채는 것인가? 그래서 우리는 무엇에 감사하고 자랑해야 하는가? (시 44:8)

4. 기독교가 다른 종교와 근본적으로 다른 점은 무엇이며 그 이유는 무엇인가? (엡 2:8~9)

❹ 지식, 전통을 비워야 낮춘다.

체험적 지식은 내면에 뿌리내리고 의식으로 자리 잡게 함으로써 인격이 된다. 그러나 관념적 지식은 전통 속에 갇혀서 참된 진리를 가로막게 된다. 관념적 지식과 전통을 버려야 낮출 수 있다.

1. 바울은 자기가 스스로 얻은 예수님을 아는 지식 외에 다른 것들은 무엇으로 여겼는가? 그 이유는 무엇인가? (빌 3:8~9)

2. 바리새인들을 어떤 지식에 파묻혀서 백성들을 지배하고 있었는가? 지금은 어떤가? (눅 11:52)

3. 관념적 지식과 전통은 어떤 관계가 있는가? 그리고 전통에 사로잡힌 이스라엘은 어떻게 되는가? (막 7:8~9, 렘 5:6)

4. 천국은 어떤 곳인가? 그렇다면 무엇을 버려야 낮춤이 되고 천국백성이 될 수 있는가? (사 11:9)

❺ 소유를 버려야 낮춘다.

경제생활이 그 사람의 신앙의 수준이다. 영생을 가로막는 것은 바로 지나친 소유이다. 젊은 부자관원은 믿음이 좋은 사람이었지만 소유를 버리지 못함으로써 예수님을 따를 수가 없었다.

1. 하나님과 재물을 겸하여 섬길 수 없다. 유산분쟁을 도와달라는 사람에게 예수님은 무엇이라고 하셨는가? (눅 12:15)

2. 재물이 왜 불의의 물질이며 그 불의의 물질로 무엇을 해야 하늘에 보물로 쌓이게 되는가? (눅 16:9, 12:33)

3. 재물을 쌓아놓는 것은 무엇을 하지 못하게 하는 것이며 하나님께서 칭찬하시는 비움은 무엇인가? (시 49:6~8, 막 12:44)

4. 천국에 우리의 보화가 쌓인다면 그 보화를 얻기 위해서 우리가 할 일은 무엇인가? (마 13:44)

❻ 나눔과 적용

비우지 않으면 자기를 낮출 수 없고 낮추지 못하면 누구를 섬길 수 없을 뿐만 아니라 예수님을 제대로 따를 수도 없다. 그리스도인의 신앙 자체가 비움과 낮춤이 전제되어야 지속될 수 있는 것이다. 비움은 죄와 욕심을 비우고 자랑과 공로를 비우고 지식과 전통을 비우고 소유를 비우는 것이다. 비우는 목적은 온전히 자신을 낮추고 주님만을 따르는 것이다. 비움은 비록 완전한 비움이라 하더라도 한 번의 비움으로 결코 충분한 것이 아니다. 육신을 입고 있는 이상 계속 세상 것으로 채워지려고 하기 때문이다. 비움은 수시로 한 결 같이 이루어져야 비로소 지속적으로 낮출 수 있는 것이다.

1. 전체적으로 볼 때 믿음 안에서 당신은 얼마나 비우고 있다고 생각하는가?

2. 당신이 가장 비우기 힘들어하는 요소는 무엇인가?

비움이 낮춤이다
❼ 마무리 기도

사랑의 아버지 하나님. 또 다시 그리스도 예수님의 비우심을 생각합니다. 무엇인가 할 일에 쫓겨서 정신없이 감당하고 있지만 그 분주함 때문에 정작 꼭 필요한 것을 생각하지 못할 때가 너무 많습니다. 무엇인가 복음으로부터 멀어질 때마다 힘들어하지만 그것이 비우지 못한 것 때문이라는 생각은 잘 하지 못했습니다. 그러나 이 시간, 주님을 따르는 데는 오히려 비움이 가장 중요한 것임을 다시 한 번 생각하게 하심을 감사드립니다. 모든 일에서 스스로를 낮추지 못하면 어쩌면 주님과 아무 관계도 없다는 것을 자주 접하면서도 그 낮춤이 바로 비움에서 시작되는 것임을 잊을 때가 많았습니다. 그러나 이제는 모든 문제의 근원을 비움에 두고 주님 앞에 더 낮추게 되기를 원합니다.

하나님, 우리를 채우고 있는 것들이 어차피 모두 죄에서 비롯된 것이지만 그런 모든 요소들이 흩어져서 우리를 공격하면 그것이 죄에서 나온 것이라는 사실을 잊을 때가 많았습니다. 우리가 욕심과 자랑과 공로에서 자유케 되어야 비로소 마음껏 주님을 따를 수 있고 진정한 낮춤으로 이웃을 섬길 수 있는데, 거기까지 생각하지 못하고 단편 단편마다 얽매였던 것을 고백합니다. 이제는 그럴 때마다 무엇을 비울 것인가를 위해 기도하고 성령님의 조명을 받아 잘 분별하고 비워야 할 때 비울 수 있도록 도와주옵소서. 우리를 위해 모든 것을 비우신 예수님의 이름으로 기도드립니다. 아멘.

제3장
채움이 낮춤이다.

그리스도인은 하나님으로 채워질 때 이 세상의 것들을 초월할 수 있고 실질적으로 낮출 수 있다. 낮춤은 단지 겉모습이나 태도의 낮춤에 그치는 것이 아니다. 진정한 낮춤이 되려면 그리스도의 낮춤이 되어야 하고 그리스도의 낮춤을 닮아가려면 하나님으로 가득 채워지지 않으면 안 되기 때문이다. 그리스도께서 십자가의 자리에까지 낮아질 수 있었던 가장 큰 이유는 바로 하나님으로 가득 채워지셨기 때문이다. 우리도 그리스도로 채우지 않으면 낮출 수 없고 예수님의 섬김으로 내려갈 수 없다.

비움이란 원래로 돌아가는 것이고, 그것은 그리스도로 채우고 성령과 말씀으로 채우고 사랑으로 채움으로써 참된 비움을 행하는 것이다. 더 나아가 실천적으로 이웃을 섬기는 행동을 실행하기 위해서는 예수님의 마음을 우리 심령 안에 가득 채우고, 십자가의 은혜가 우리를 지배해야 하며, 특별히 진정한 낮춤을 위해서 제자의식과 복음의식과 천국의식으로 가득 채워야 할 것이다. 그렇게 올바른 정체성으로 우리를 채운다면 우리는 주님처럼 우리를 낮추고 이웃을 진정으로 섬길 수 있게 될 것이다.

채움이 낮춤이다
❶ 예수님의 마음으로 채운다.

성도가 줄어들고 교회가 사라진 근본적인 원인은 복음 안에 들어있는 생명인 예수님의 마음이 쏙 빠져있기 때문이다. 그 말은 복음을 생명으로 여기는 사람들이 사라졌기 때문이라는 말이다.

1. 복음의 핵심인 예수님의 마음은 어떤 것이며 그 마음을 품은 사람들은 어떻게 되었는가? (빌 2:6)

2. 예수님은 하나님으로서 이 땅에 내려오셔서 어디까지 낮추셨고 어떻게 낮추셨는가? (빌 2:7~8)

3. 소망은 무엇으로 인하여 넘칠 수 있으며, 세상에 승리하기 위하여 하나님은 무엇을 주시는가? (롬 5:5~6, 딤후 1:7)

4. 그리스도의 마음이 우리 심령 가운데 채워질 수 있도록 우리를 도우시는 분은 누구이신가? (고후 1:22)

채움이 낮춤이다
❷ 십자가로 채운다.

십자가가 쓰러져 모든 것이 반대로 된 시대이다. 꼭대기에 계신 하나님이 내려오시고 성공과 번영이 하나님을 대신하게 되었다. 쓰러진 십자가를 바로 세우고 거기에 주님과 함께 매달려야 한다.

1. 우리에게 십자가는 무슨 의미로 다가와야 하겠는가? 그리고 그것은 우리 육체와 어떤 관계여야 하는가? (골 1:24)

2. 십자가를 지기 위한 전제조건은 무엇이며, 그것은 곧 무엇을 버린다는 의미인가? (마 16:24, 10:38~39)

3. 십자가를 진다는 것은 거래가 있다는 말이다. 어떤 거래였는가? 그것은 세상에 어떤 의미인가? (마 26:2, 갈 6:14)

4. 십자가를 지는 것이 예수님의 고난에 그치지 않는 이유는 무엇인가? (골 2:15)

❸ 제자의식으로 채운다.

현대 신앙인들에게는 스스로가 예수님의 제자라는 의식이 결여되어 있다. 제자 의식이란 제자로서의 정체성이다. 제자의식으로 채워진 사람은 일정한 특징을 지녀야 한다. 그것이 낮춤으로 연결된다.

1. 예수님의 제자는 예수님을 따르는 사람이다. 오늘날 그것은 무엇을 의 미하겠는가? (마 8:21~22)

2. 오늘날 제자는 예수님이 아니라 무엇을 따라 사는 사람인가? 그것을 얻기 위해 어떤 자세를 가져야 하는가? (요 6:67~69)

3. 예수님의 제자들은 예수님대신 어떤 일을 해야 하는가? 그리고 어떤 자세를 지녀야 하겠는가? (마 14:19, 18:3)

4. 예수님의 마지막 명령은 무엇이었으며, 오늘날 그것은 어떤 사람들에 게 주어졌는가? 사역자들에게인가? (마 28:19~20)

❹ 복음의식으로 채운다.

한마디로 복음의식은 영혼사랑을 위한 삶의 태도를 말한다. 그런데 복음은 복음대로 살라고 주신 것이다. 예수님이 복음이듯이 우리가 복음이 되라는 말씀이다. 그것이 낮춤과 섬김의 삶이다.

1. 예수님이 오신 근본적인 목적은 무엇이며 그것은 무엇을 통해서 사람들에게 나타날 수 있는가? (요 3:17, 요일 4:12)

2. 복음의식은 복음전파를 위하여 어떤 원칙을 따라 사는 것인가? (고전 10:33)

3. 복음의식으로 채워질 때 우리를 어떻게 하시는가? 모든 일에 대해서 어떤 자세를 가져야 하는가? (행 13:47, 딤후 2:10)

4. 원수를 사랑하고 선대하는 까닭은 무엇인가? 그것은 하나님의 어떤 점을 닮는 것인가? (눅 6:35~36)

❺ 천국의식으로 채운다.

제자의식, 복음의식을 소유하게 되면 제자로서 복음의 원리로 살게 되어 있다. 천국의식을 장착한 그리스도인은 천국백성으로서 삶의 방식을 보여줌으로써 하나님의 뜻이 이 땅에 펼쳐지게 만든다.

1. 이 땅에서의 천국은 어디에서 이루어져야 하는가? 심령 안인가 세상 속인가? (눅 17:20~21)

2. 그 천국은 우리들의 내면에 채워져야 사람들과의 관계 속에서 성취될 수 있다. 그것은 무엇인가? (롬 14:17)

3. 하늘의 의는 세상의 의보다 훨씬 차원이 높다. 그것은 어떤 의이며 그것을 위해 무엇도 감수해야 하는가? (마 5:20, 10)

4. 이 세상의 목표와 천국의 목표는 어떻게 다르며 우리는 어떤 천국의식을 가져야 하겠는가? (눅 9:62)

❻ 나눔과 적용

우리가 심령을 비워야 하는 이유는 물론 우리를 낮추기 위해서이다. 다만 우리를 비운 다음에 예수님으로 채워지지 않으면 우리는 참된 낮춤을 행할 수가 없고 그리스도의 섬김과 같은 일이 우리를 통해서는 일어날 수 없다. 물론 예수님으로 채워진다는 한 마디로 다 표현할 수 있지만 그 말 속에는 예수님의 마음과 십자가로 채운다는 의미와 함께 제자의식과 복음의식과 천국의식으로 채우는 것을 포함하고 있는 것이다. 왜냐하면 의식이 생각을 바꾸고 행동과 삶을 바꾸는 것이기 때문이다. 제자의식과 복음의식은 표현은 다를지 몰라도 살아있는 복음을 품은 제자의 삶을 살게 만들어줄 것이다.

1. 당신은 예수님의 마음을 얼마나 채우고 신앙생활을 하고 있다고 생각하는가?

2. 당신은 어떤 의식으로 주로 채워져 있는가? 세속의식인가 아니면 제자의식이나 복음의식, 천국의식인가?

❼ 마무리 기도

사랑으로 충만하신 아버지 하나님, 오늘 과연 우리의 내면에 어떤 것으로 채워져 있는지를 다시 살펴보게 하심을 감사드립니다. 늘 예배드리고 찬양하며 기도를 드리고 성경을 읽고 있지만 그 근본적인 목적은 바로 예수님으로 채워지는 것임을 다시 생각할 수 있었습니다. 성령 충만을 받기 위해 뜨겁게 기도하지만 단지 신령한 은사나 아버지를 내 뜻에 맞추어 달라는 것 이상은 아니었음을 고백합니다. 예배드리고 기도하는 것이 나를 온전히 비우고 예수님의 마음으로 가득 채우기 위한 것이 아니라 단지 하나님을 내 편으로 만들려는 행동이었음을 다시 생각합니다. 우리를 도와주셔서 본질적인 신앙을 늘 따라가게 하시기를 원합니다.

아버지, 우리가 무엇을 하기 위한 목적으로 하나님을 믿는 것이 아니라 오히려 하나님과 더 가까워지고 하나님을 깊이 알며 예수님의 마음을 우리 속에 다시 채우기 위해 믿는다는 것을 잊어버리고 언제나 우리의 기도 제목이나 목적을 앞세워 왔습니다. 또 우리를 예수님과 참된 신앙의식으로 채워야 하는 그 다음의 목적이 이웃과 세상을 섬기기 위한 것이라는 사실도 생각하지 못했음을 다시 고백합니다. 이제 그 길을 돌이키게 하시고 오직 예수님의 마음으로 가득 채울 수 있도록 도와주옵소서. 언제나 우리 속에 거하시고 동행하시는 예수님의 이름으로 기도드립니다. 아멘.

제4장
공감이 낮춤이다.

　섬김이란 단순히 시간을 들여서 몸으로 물질로 누군가를 돕는 정도의 차원은 아니다. 섬김에 없어서는 안 되는 것이 낮춤인데, 낮춤의 목적은 그들과 공감하기 위한 것이다. 공감의 목적은 상대방의 입장에 서서 그들과 한마음이 되어 자기 자신을 사랑하는 것처럼 그들을 사랑하기 위해서인 것이다. 물론 거기에는 그리스도의 사랑이 전제되어야 한다. 그렇지 않으면 자랑이나 자기 의, 공로에 그쳐버릴 것이기 때문이다. 그래서 공감이 낮춤인 것이다.

　공감 없는 사랑, 낮춤 없는 섬김이 가능하겠는가? 낮춤은 단순한 겸손이 아니다. 낮춤은 그리스도 앞에서의 우리의 영적 상태이다. 그리스도인들은 항상 그리스도 앞에 서 있는 사람들이다. 이것을 의식하지 못하면 주님과는 계속 멀어질 수도 있다. 예수님은 모든 사람을 대할 때 마치 주님을 대하는 것처럼 하라고 하셨다. 작은 자 하나에게 한 것은 주님께 한 것이고 작은 자 하나에게 하지 않은 것은 주님께 하지 않은 것이다. 그렇다면 우리가 다른 사람 앞에서 낮추는 것은 주님 앞에서 낮추는 것이다. 그리고 낮춤의 1차 목적은 공감이다.

공감이 낮춤이다
❶ 하나님의 공감

하나님은 인간과 교제하시고 공감하기를 원하신다. 인간의 죄가 그것을 가로막고 있을 뿐이다. 성경에 보면 하나님은 죄를 용납하지 않으시면서도 죄를 용납하시는 것 같이 보일 때가 많다.

1. 인간 타락 후 최초의 살인자 가인의 죄는 무엇이며 거기에 대한 하나님의 심판은 무엇이었는가?

2. 가인의 벌에 대한 가인 자신의 호소와 거기에 대한 하나님의 공감은 어떻게 나타났는가? (창 4:13~15)

3. 하갈에 대해서 하나님은 두 번이나 공감해주셨다. 어떤 경우였으며 어떤 점에 공감해주셨는가? (창 16:11, 21:17~18)

4. 하나님은 예수님을 통하여 공감해주셨는데 주로 어떤 사람들의 심령에 공감하셨는가? (마 9:11~12)

❷ 예수님의 공감

예수님의 탄생과 십자가 고난은 하나님의 공감으로 인하여 일어난 일이었다. 죄인은 심판받고 지옥에 떨어지는데 어떻게 그 죄인을 위하여 죽음을 택하셨는가? 하나님께서 죄인들과 공감하신 것이다.

1. 예수님께서 어려움당하는 사람들에 대해 공통적으로 느끼는 공감의 감정은 무엇이었는가? (마 14:14, 15:32)

2. 예수님은 가장 큰 슬픔을 당한 사람들의 문제를 고쳐주신다. 어떤 슬픔에 가장 크게 공감하시는가? (눅 7:13~15)

3. 그보다 예수님께서 가장 크게 공감하시는 문제는 무엇인가? 그래서 어떤 명령을 내리셨는가? (막 6:34, 마 28:19~20)

4. 예수님께서 불쌍한 인간에게 공감하실 수 있는 근거는 무엇이겠는가? 예수님은 어떻게 간구하셨는가? (히 5:7)

공감이 낮춤이다
❸ 마음 함께 나누기

공감이 나눔이나 섬김보다 더 큰 힘을 줄 때가 있다. 공감은 상대방과 동일한 마음이 되어야 가능하다. 이웃이 당한 고난을 내가 당한 것처럼 느끼고 함께 있어주는 일이 공감이다.

1. 바울은 공감에 대해 어떤 유명한 말을 했는가? 거기에서 비롯되는 그리스도인의 삶의 자세는 무엇인가? (롬 12:15~16)

2. 어떤 사마리아 사람은 강도만나 죽어가는 사람을 보고 깊이 공감하여 어디에까지 섬겼는가? (눅 10:33~35)

3. 우리가 사람들과 공감할 수 있는 근거는 무엇이며 그것은 무엇으로 인한 것인가? (마 5:4)

4. 나눔의 근거는 무엇이어야 하며 공감하지 못하면 우리 속에 무엇이 사라진 것인가? (요일 3:17~18)

❹ 용서가 공감이다.

공감하지 못하면 용서할 수 없다. 용서했는데도 감정적인 찌꺼기가 남아있다면 공감을 통한 용서가 아니다. 모든 성도들은 똑같이 예수님의 용서의 주인공들이다. 공감하면 용서할 수 있다.

1. 예수님께서 시험받고 고난당하신 이유는 무엇인가? (히 2:18)

2. 바울은 우리가 당하는 환난을 이길 수 있게 하는 힘이 되는 것은 어떤 원리라고 하였는가? (고후 1:6)

3. 타인의 고통을 내 고통으로 느낀다면 공감하고 용서할 수 있다. 용서로 가는 공감의 첫 번째 요소는 무엇인가? (엡 4:32)

4. 그리스도를 따라 사람들과 공감하고 위로하고 용서하는 목적은 어디에 있는가? (골 2:2)

❺ 나눔과 적용

생활 속에서도 우리와 공감해주는 사람에게 고마움을 느끼는 법인데 예수님의 고난이 바로 하나님의 공감으로부터 비롯된 것이라는 사실은 우리가 앞으로 어떻게 세상을 대해야 할 것인가에 대한 해답을 제시해줄 수 있을 것이다. 공감해주지 못한다면 이웃을 향한 우리의 섬김도 어쩌면 별 의미가 없을 수도 있다. 예수님의 공감으로 인하여 우리가 구원을 받았다면 이웃을 용서하는 일이나 복음을 전하는 일도 전부 진정한 공감이 있어야 주님께서 기뻐하시고 그 열매도 풍성해질 것이다. 모든 일에 공감을 먼저 생각하자.

1. 당신은 예배나 말씀으로부터 은혜를 받을 때 그것이 하나님의 공감으로 인한 것이라는 사실을 느낀 적이 있었는가?

2. 당신은 사람들에 대해 어느 정도나 공감하려고 하는지를 이야기해보자.

❻ 마무리 기도

　사랑의 아버지 하나님, 오늘도 하나님의 마음, 예수님의 공감에 대해서 생각하게 하심을 감사드립니다. 아버지 하나님께서 죄와 불의를 용납하지 못하시는 분으로만 알았다가 우리의 구원이 하나님의 공감이 아니면 성립될 수 없었다는 사실을 깨닫게 됩니다. 더구나 예수님께서 당하신 큰 고통과 모욕까지도 하나님의 공감으로부터 비롯된 것임을 알게 하시니 깊이 감사드립니다. 우리 그리스도인들은 모든 것을 주님을 따라가는 사람들인데 작은 나눔이나 봉사, 섬김에도 예수님의 공감, 곧 우리 자신의 공감이 전제되어야 비로소 그 의미가 살아나는 것을 다시 생각하게 되었습니다. 행위로서의 나눔이나 섬김에 저들과 마음을 함께하는 공감이 동반되어야 진정한 의미의 선교임을 깊이 생각하게 되었습니다.

　아버지. 자기 자신과 같이 이웃을 사랑하라는 말씀을 다시 생각해보니 바로 우리가 그 이웃이 되어서 오히려 자신의 일을 하는 것처럼 감당하는 것이 진정 이웃을 사랑하는 길이었습니다. 왜 우리는 우리의 작은 머릿속에서만 그 의미를 찾으려고 할까요? 이제는 무엇으로 어떻게 섬길지를 생각하기보다는 어떻게 하면 이웃들의 마음과 함께할 것인가를 고민하도록 하겠습니다. 예수님의 공감을 생각하면서 항상 주님을 사랑하듯이 이웃을 섬길 수 있도록 도와주옵소서. 우리에게 공감해주신 예수님의 이름으로 기도드립니다. 아멘.

제2부

낮춤과 섬김에 관하여

제5장
낮춤 없이 섬김 없다.

그리스도인들의 삶에 있어서 가장 많은 오해를 불러일으키는 것은 무엇일까? 놀랍게도 그것은 섬김에 대해서일 것이다. 우리가 일반적으로 믿음이 좋다고 이야기할 때 그것은 많은 경우에 섬김, 봉사, 헌신을 기준으로 이야기할 때가 많다. 하지만 교회가 그런 신앙생활을 장려하고 있고 반대로 세상 속에서의 섬김에 대해서는 강조하지 못함으로써 기독교신앙이 단지 교회생활에 국한되는 결과를 가져왔다.

모든 것이 일 중심, 성과 중심으로 흘렀다. 예수님의 마음이 들어갈 틈이 사라지고 겉으로 드러나는 행위, 곧 낮춤 없는 섬김에만 초점을 맞추고 있다. 교회에서는 이 낮춤 곧 하나님의 마음을 가슴 속에 품으면서 시작되어야 하는 섬김을 거의 강조하지 않았고, 행위 자체에 모든 가치를 투영하는 모습으로까지 비쳐지게 되었다.

예수님은 바리새인들이 하나님을 의식하지 않고 사람들만 의식함으로써 모든 신앙이 율법적인 종교행위에 갇혀버렸음을 지적하셨다. 신앙생활이란 사람이 아니라 하나님을 의식하면서 모든 삶을 결정하는 것이다. 낮춤과 섬김에 진실한 신앙이 들어있지 않다면 그것이 대단하면 대단할수록 오히려 하나님으로부터 멀어져가는 길인 것이다.

낮춤 없이 섬김 없다
❶ 낮춤과 섬김은 영적 의술이다.

예수님은 '스스로 의인'이었던 바리새인들과 종교지도자들이 아니라 어찌할 수 없는 상황에 빠져있는 '스스로 죄인'들을 구원하러 오셨다. 그것은 심령에 관한 영적인 문제를 고치시려는 것이었다.

1. 율법에는 금지되어 있는 세리와 죄인들과 함께 식사하는 이유에 대해 예수님은 무엇이라고 대답하셨는가? (눅 5:30~32)

2. 예수님은 가난한 심령을 찾아 천국을 선물하신다. 가난한 심령은 주로 어떤 심령을 말하는 것인가? (시 51:17)

3. 예수님의 낮추심은 심령의 가난을 치료하기 위한 것이었다. 이사야는 예수님의 목적을 무엇이라고 예언하였는가? (마 8:17)

4. 심령이 가난한 사람들을 섬기는 데는 성령님의 도움이 절실하다. 성령님은 어떻게 우리를 도와주시는가? (롬 8:26)

긍휼 없는 제사. 곧 사람을 불쌍히 여기지 못하면서 예배에만 초점을 두는 것을 하나님은 원치 않으신다. 제사는 죄를 지은 백성들이 하나님을 만나기 위한 조건 이며 하나님과의 화목을 위한 예식이다.

1. 섬김과 낮춤은 제사와 긍휼 및 순종의 관계와 같다. 성경은 제사보다 무엇이 먼저라고 하시는가? (마 9:13, 삼상 15:22)

2. 신약 시대에 와서 하나님은 어떤 제사를 기뻐하시는가? 호세아의 선포 에 낮춤과 섬김을 대입해보자. (히 13:16, 호 6:6)

3. 진정한 예물은 어떤 일 이후에 가능한가? 가난한 사람들에게 어떤 마 음이 있어야 참된 섬김인가? (마 5:23~24)

4. 인애와 긍휼, 순종은 낮춤에 해당된다. 낮춤의 근원은 무엇이며 우리 는 무엇을 우리 속에 채워야 온전한 그리스도인인가?

낮춤 없이 섬김 없다

❸ 낮춤 없는 섬김은 외식(外飾)이다.

대개 나눔이나 섬김을 굉장히 소중하게 생각한다. 교회도 성공적이고 대형화되고 큰일을 이룰 때 큰 관심을 보인다. 그러나 핵심과 본질을 알지 못하고 성공과 번영만을 추구하는 것은 큰 잘못이다.

1. 예수님께서 가장 크게 나무라시는 바리새인들의 위선적인 모습 세 가지를 말해보라. (마 23:23, 25~26, 27~28)

2. 사도 바울은 이렇게 외식에 빠지지 않을 수 있는 방법에 대해 무엇이라고 고백하였는가? (롬 7:24, 22~23)

3. 겉으로 드러나는 행위에만 초점을 맞추는 외식하는 자는 왜 천국에서 상을 받을 수 없는가? (마 6:2)

4. 외식하는 죄의 결과는 무엇인가? 당신은 외식하는 모습을 얼마나 가지고 있는가? (마 24:51)

낮춤 없이 섬김 없다

❹ 낮춤이 곧 섬김이다.

예수님의 낮춤은 인간의 죄의 수준으로 낮추신 것이므로 우리의 낮춤도 여기에
서부터 비롯되어야 한다. 예수님의 낮춤은 낮춤인 동시에 섬김이었다. 예수님께
는 낮춤이 섬김이요 섬김이 낮춤이었다.

1. 그리스도인의 낮춤은 예수님의 낮춤과 같아야 한다. 만왕의 왕이신 예
   수님은 어디까지 낮추셨는가? (슥 9:9)

2. 믿음 없는 행함은 낮춤 없는 섬김이고, 행함 없는 믿음은 섬김 없는 낮
   춤이다. 낮춤과 섬김은 어떤 관계인가? (약 2:22, 26)

3. 세상에서 높아지기 위해서 낮추는 것인가? 낮춤과 높아짐에는 어떤 관
   계가 있는가? (마 23:11~12)

4. 예수님은 율법과 하나님의 마음을 살인죄로 설명하셨다. 율법과 복음
   의 살인은 어떻게 다른가? (마 5:21~22, 요일 3:15)

46 제2부 낮춤과 섬김에 관하여

낮춤 없이 섬김 없다

❺ 나눔과 적용

믿음 없는 행함이 헛것이듯이 낮춤 없는 섬김도 별 소용이 없다. 예수님의 십자가 섬김도 종으로서 낮추지 않으셨다면 이루어질 수 없었을 것이다. 그리고 그 인간의 수준으로까지의 낮춤은 수많은 죄인들과 병자들을 치료하는 결과로 나타났다. 낮춤으로부터 비롯되는 섬김이 아니라면 그런 치유의 역사는 일어나지 못했을 것이다. 바리새인들의 가장 큰 결점은 하나님의 마음을 전혀 이해하려고 하지 않고 단지 율법을 겉으로 지키는 것이었다. 그것은 외식으로 흐를 수밖에 없는 것이었다. 진정한 낮춤으로부터 모든 섬김을 시작하자.

1. 당신은 누구인가를 섬길 때 주로 베푸는 마음으로 행하는가 아니면 자신을 낮추는 마음으로 행하는가?

2. 당신은 모든 일에서 자신을 낮추는 것이 아니라 어떤 일을 성취하는 데 더 신경을 쓰지는 않았는가?

❻ 마무리 기도

살아계신 하나님, 우리가 믿음생활에 대해서 거꾸로 알고 있는 것이 너무 많습니다. 우리는 많은 일을 이루어내면 하나님께서 크게 기뻐하실 것이라고 생각하지만 하나님은 그런 것들보다는 오히려 하나님 앞과 사람 앞에 우리 자신을 낮추고 비록 작은 일일지라도 주님을 섬기는 것처럼 진심을 다해 행하는 것을 훨씬 기뻐하십니다. 우리를 낮추는 것이 바로 예수님의 낮추심을 따라가는 길이기 때문일 것입니다. 그래서 오늘의 말씀들이 우리를 뒤돌아보게 하시니 감사드립니다. 아버지, 하나님 앞에서 뿐 아니라 모든 경우에 우리 자신을 낮추기를 원합니다. 우리가 낮추지 않으면 하나님께서 높이지 않으실 것입니다. 그 이전에 우리가 높아지면 천국과도 멀어질 수 있을 것입니다.

하나님, 모든 경우에 우리를 낮출 수 있도록 우리를 간섭하여 주시기를 원합니다. 자꾸 누군가에게 보이고 싶거나 공로를 자랑하고 싶거나 우리 자신의 옳음을 내세우려고 할 때 우리에게 예수님의 낮추심을 생각나게 하시고 그 예수님의 마음으로 우리를 채울 수 있도록 도와주옵소서. 바리새인들의 허물에 빠지지 않도록 해 주시고 그렇다고 섬김 없이 말로만 떠드는 낮춤으로 인하여 관념적 신앙에도 빠지지 않게 도와주옵소서. 우리를 위하여 낮추시고 우리가 낮출 수 있도록 인도하시는 예수 그리스도의 이름으로 기도드립니다. 아멘.

Memo

제6장
낮춤과 섬김은 세상의 소금이다.

　그리스도인의 본질은 축복과 성공이 아니라 낮춤과 섬김이다. 낮춤과 섬김은 바로 예수님의 사랑의 통로로서 뿐만 아니라 그 사랑이 넘치도록 흘러나가게 하는 거의 유일한 수단이다. 그것은 바로 소금처럼 세상 속에 녹아들 때에만 가능하게 되는 복음이다. 기독교의 섬김은 그리스도의 낮춤이 근본원리가 되어야 하고 그것이 우리가 전하는 복음이기 때문에 세상의 소금과 같다는 말이다. 우리는 그리스도의 이름으로 낮추고 섬기는 것이다. 그것이 아니라면 결과적으로 우리의 섬김은 단지 우리 자신을 위한 일 밖에는 될 수가 없는 것이다.

　그리스도인의 모든 섬김은 오직 우리를 통하여 하나님께 영광을 돌려드리기 위한 것이다. 그것은 낮춤으로부터 비롯되는 참된 섬김만이 가능하게 한다. 세상은 우리가 선행을 해도 악행을 한다고 비방하기 쉽다. 이방인들이 하나님께 영광을 돌리게 할 수 있는 것은 하나님의 임재와 섬김뿐이다. 찬양이나 예배가 아니라 참된 낮춤과 섬김을 감당할 때에 그들은 우리에게서 예수님을 발견하고 영광을 돌릴 수 있게 된다. 그것이 낮춤과 섬김의 소금으로서의 기능인 것이다.

❶ 낮춤과 섬김은 우리를 성결케 한다.

하나님은 이스라엘 백성들을 구별하여 하나님의 소유로 삼으셨다. 그것은 하나님의 거룩하심을 따라 살라고 하신 것이었다. 세상 사람과 하나님의 백성은 뚜렷한 경계가 있고 차이점이 분명하다.

1. 구약에서 하나님은 제물을 무엇으로 구별하게 하셨는가? 오늘날 교회는 무엇으로 세상과 구별할 수 있는가? (레 2:13)

2. 향을 만들 때 성결케 하기 위해 무엇을 하였는가? 신약에서 성결케 하는 향기는 어떤 것이어야 하는가? (출 30:35)

3. 소금은 썩지 않게 하는 기능을 한다. 오늘날에는 썩지 않는 소금의 기능을 무엇이 감당하는가? (고전 9:25)

4. 여리고에서 엘리사가 소금으로 물을 고친 것은 회복을 뜻한다. 오늘날에 이 회복을 주는 것은 무엇인가? (왕하 2:21~22)

❷ 낮춤과 섬김의 의미는 영원하다.

하나님은 레위인들이 모든 일을 안심하고 감당할 수 있도록 영원히 변치 않을 소금언약으로 생활을 약속하셨다. 낮춤과 섬김을 행하면 하나님은 소금언약으로 우리의 모든 것을 책임지신다.

1. 다윗에게 영원히 나라를 주겠다고 하신 소금언약은 어떻게 성취되었는가? (대하 13:5, 마 27:11)

2. 다윗에게 주신 소금언약은 예수님으로 성취되었다. 그러면 우리들에게 소금언약은 어떻게 성취되는가? (계 22:5)

3. 왕 같은 제사장이 되게 하신 목적은 무엇인가? 그것을 이루는 것은 무엇이며 무엇을 약속하시는가? (벧전 2:9, 시 15:5)

4. 낮춤과 섬김은 영원한 소금언약의 복된 행위이다. 거기에 영원한 약속을 주시는 목적은 무엇인가? (행 13:47)

❸ 낮춤과 섬김은 세상의 맛을 낸다.

모압은 변치 않는 포도주의 맛을 품고 있었지만 그것은 여호와로 인한 것이 아니어서 결국 멸망했다. 우리는 원래의 복음의 맛과 냄새를 회복해야 하는 사람들이다. 낮춤과 섬김을 통하여서만 가능하다.

1. 소금의 맛을 잃으면 어떻게 되는가? 맛을 유지하기 위해서는 무엇을 해야 하는가? (마 5:13)

2. 소금이 맛을 내기 위해 소금을 두고 화목하라는 말씀은 어떤 삶을 통하여 이루어질 수 있는가? (막 9:50)

3. 우리가 소금으로 맛을 냄으로써 우리는 어떤 맛들을 보여줄 수 있겠는가? (시 34:8, 벧전 2:3, 히 6:4~5)

4. 말씀의 맛과 낮춤과 섬김의 관계를 설명해보라. (시 119:103)

낮춤과 섬김은 세상의 소금이다

❹ 낮춤과 섬김이 없는 곳은 지옥이다.

세상은 약육강식과 적자생존의 세계이다. 나의 성공은 다른 사람들의 실패 위에 쌓여진다. 소금이 세상에 녹아들지 못한다면 짐승들처럼 서로 살기 위해 싸울 수밖에 없고 그것은 저주일 것이다.

1. 소금이 맛을 잃으면 세상은 썩어버릴 것이다. 롯의 아내가 소금기둥이 된 것은 무엇을 상징하는가? (마 5:13, 창 19:26)

2. 백성들에게 소금의 저주를 내리시는 것은 소금이 어떤 상태라는 것을 말하는가? (신 29:23)

3. 소금의 저주를 비롯하여 경고하신 모든 저주를 내리시는 가장 큰 이유는 무엇인가? (신 29:26~27)

4. 낮춤과 섬김이 소금의 삶이 되려면 어디까지 나아갈 수 있어야 하겠는가? (눅 6:30~31, 34)

낮춤과 섬김은 세상의 소금이다

❺ 나눔과 적용

그리스도인으로서 세상의 소금의 기능을 하는 일에는 어떤 것이 있을까? 소금은 우선 맛을 내고 썩지 않게 하기 때문에 그런 기능을 할 수 있는 것은 낮춤과 섬김 밖에는 없다. 소금이 세상에서 거룩하게 만들고 회복을 가져오며 그 의미가 영원히 변치 않기 때문에 소금언약으로까지 약속하시며 세상의 구석구석까지 천국의 맛을 내는 기능을 온전히 할 수 있는데 그것이 바로 낮춤과 섬김을 통하여 성취될 수 있는 것이다. 그렇기 때문에 만약에 소금 곧 낮춤과 섬김이 없다면 약육강식의 원리가 그대로 펼쳐지는 지옥과도 같을 것이다.

1. 당신은 그리스도인으로서 세상을 썩지 않게 하고 맛을 내는 낮춤과 섬김의 기능을 얼마만큼이나 감당하고 있는가?

2. 당신은 성공과 축복의 길에 치중하고 있는가 아니면 낮춤과 섬김의 길을 생각하면서 사는가?

낮춤과 섬김은 세상의 소금이다
❻ 마무리 기도

우리를 주의 길로 인도하시는 아버지 하나님, 오늘도 세상을 살 맛 나는 곳으로 만들 수 있는 길을 가르쳐주심을 감사드립니다. 세상의 소금이라고 할 때 그저 추상적인 말씀으로만 생각했었는데 오늘 낮춤과 섬김이 바로 세상의 소금이라는 말씀에 깊은 은혜를 받습니다. 거듭나고 믿음을 가지면 세상 속에서 잘 되고 많아지고 높아지는 것을 축복이라고 생각들을 하고 있지만 그런 것을 가지고는 결코 세상의 소금이 될 수 없음을 생각합니다. 소금이 제물을 성결케 하지만 교회에서 예배드리고 기도하는 것으로 우리가 구별되는 것이 아니라 바로 낮춤과 섬김이 오히려 세상과 구별함을 생각하게 되었습니다.

우리가 어떤 결과를 만들어내는 것은 하나님께 별 의미가 없을 때가 많지만 우리가 진심으로 그리스도의 낮춤으로 세상과 이웃을 섬긴다면 그것은 아버지께 영원히 기억됨을 믿습니다. 또한 만약에 우리가 낮춤과 섬김으로 세상을 향해 나가지 않는다면 세상은 더 이상 맛을 내지 못하고 지금 나아가고 있는 방향을 조금도 바꿀 수 없음을 믿습니다. 낮춤과 섬김이야말로 이 어두운 세상에서 그나마 천국을 맛보게 할 수 있음을 믿습니다. 하나님, 우리가 낮춤과 섬김으로 마치 소금처럼 세상에 맛을 낼 수 있게 인도해 주옵소서. 세상을 구원하시는 예수 그리스도의 이름을 기도드립니다. 아멘.

Memo

제7장
낮춤과 섬김은 성숙이다.

　유아기 신앙은 우선 자기중심적이다. 자기중심성이란 자신을 객관적으로 볼 수 없는 상태를 말한다. 또 다른 특징은 관계가 형성되어 있지 못하다는 것이다. 자기편이 아니면 전부 아무 관계없는 사람들일 뿐이다. 기독교신앙의 가장 큰 장애는 자기중심성이다. 자기중심성에 빠져있는 이상 신앙은 자랄 수 없다. 신앙이 점점 더 자라면 어떤 모습을 나타내게 될까? 자기중심성에서 조금씩 탈피해 나간다. 예수님의 마음을 조금씩 깨달으면서 닮아가려고 한다. 더 자라면 낮춤과 섬김으로 자기 몫을 감당하게 된다. 그것이 성장의 증거이다.

　낮춤과 섬김은 신앙이 어느 정도 성장한 사람만이 제대로 감당할 수 있는 고귀한 삶의 모습이다. 신앙 자체가 유아기 신앙이라면 그냥 무엇인가 보상을 바라거나 자랑을 위해 하는 것일 뿐이다. 낮춤과 섬김은 신앙이 성숙한 그리스도인에게서 진심어린 행함으로 나타나는 것이고 또는 낮춤과 섬김을 행하려고 애를 쓰다 보면 그의 신앙은 더 빨리 성장할 수 있다. 낮춤과 섬김은 그리스도인들의 신앙성숙의 지표이며 또 신앙성장과 직결되는 통로가 되는 필수적인 삶의 방식인 것이다.

낮춤과 섬김은 성숙이다
❶ 낮춤과 섬김은 성장의 열매이다.

신앙이 성장하면 복음이 자라나고 풍성해지고 열매를 맺는 모습을 나타낸다. 그것이 낮춤과 섬김이다. 우리의 목적이나 성공이 아니라 복음이 채워지면 낮춤과 섬김이 자연스럽게 일어날 것이다.

1. 낮춤과 섬김으로 여러 가지 직분과 역할을 감당하는 것은 무엇을 지향해 나아가는 것인가? (엡 4:13)

2. 신앙의 성장을 통하여 성령의 아홉 가지 열매를 맺었다면 그 증거는 무엇이겠는가? (갈 5:22~23)

3. 말씀을 막는 가시떨기(염려)를 제거해야 신앙이 자라서 열매를 맺힌다. 가시떨기를 제거하는 방법은 무엇인가? (마 6:31~33)

4. 하나님을 체험적으로 아는 일에 더 자라게 하시는 과정은 무엇인가? (골 1:10)

낮춤과 섬김은 성숙이다
❷ 낮춤과 섬김은 하나님을 더 알게 한다.

낮춤과 섬김이 신앙성장의 수단이 된다는 말은 낮춤과 섬김을 통하여 하나님을 체험적으로 아는 살아있는 지식을 얻을 수 있다는 말이다. 올바른 지식 없이 자기 의를 내세우면 아무것도 아니게 된다.

1. 하나님을 열심히 섬기는 바울이 어떻게 기독교인을 죽이기까지 박해하게 되었는가? (행 22:3~4)

2. 바울은 세상의 모든 것을 배설물로 여기는 이유에 대해 무엇이라고 하는가? 어떻게 바른 지식을 얻겠는가? (빌 3:8)

3. 하나님께서 호세아에게 특별한 경험을 하게 하심으로써 얻고자 하신 하나님의 마음은 무엇인가? (호 3:1)

4. 하나님의 마음을 체험하기 위해서는 어떻게 해야 하며 얼마만큼 하나님 지식을 얻을 수 있는가? (엡 3:17~19)

❸ 낮춤과 섬김은 복종에서 나온다.

올바른 하나님 지식을 얻기 위하여 낮춤과 섬김이 필요하다. 우리가 낮춤과 섬김을 행해야 하는 결정적인 이유는 복음의 실체화에 있다. 그래서 낮춤과 섬김에 대해서 하나님의 말씀에 복종해야 한다.

1. 예수님은 죽음으로 낮춤과 섬김의 본을 보여주셨다. 그것은 무엇이었으며 우리는 어떻게 해야 하는가? (고전 15:28)

2. 그리스도께 복종하기 위해서는 싸워야 하는데 구체적으로 어떤 무기가 필요한가? (고후 10:4~5)

3. 바울은 하나님께 복종하기 위해 자기 몸을 쳐서라도 낮춤과 섬김을 행하려고 했다. 무엇 때문인가? (고전 9:27)

4. 형제간에는 서로 복종해야 하는데 그것은 어떤 일을 하기 위한 것인가? (엡 5:21, 1:22)

❹ 낮춤과 섬김은 사랑의 풍성함이다.

낮춤과 섬김은 사랑의 열매이다. 기독교의 낮춤과 행함이 타 종교의 그것과 달라야 하는 이유는 바로 진정한 사랑의 유무이다. 그리스도의 사랑이 빠진 낮춤과 섬김에서 영적 성장은 일어날 수가 없다.

1. 기독교의 낮춤과 섬김은 어디에서 출발하였으며, 기본적인 원리는 무엇인가? (요일 4:19, 10)

2. 먼저 사랑으로 낮춤과 섬김을 행할 때의 기본적인 원리는 무엇이며 그이유는 무엇인가? (요일 4:11)

3. 낮춤과 섬김과 관련하여 예수님께서 주시는 새로운 계명은 무엇이고, 그것은 세상에 어떻게 비치겠는가? (요 13:34~35)

4. 먼저사랑과 서로사랑이 낮춤과 섬김을 통하여 이 땅에 성취되기 위해서는 어떤 덕목이 필요한가? (벧전 4:8~10)

낮춤과 섬김은 신앙이 성장하면서 자연스럽게 삶으로 나타나는 열매들이다. 그리고 낮춤과 섬김으로써 하나님을 오히려 더 깊이 깨달아 알 수 있으며 그 체험적인 지식으로 살아있는 말씀을 소유하게 되어 마치 가시떨기와 같은 세상의 유혹이나 마음의 염려를 물리칠 수가 있다. 실로 낮춤과 섬김이야말로 복음을 더욱 활기 넘치게 만들며 세상에 천국의 모습을 보여줄 수 있는 통로인 것이다. 물론 그리스도의 낮춤과 섬김이 우리의 모델이며 신앙성숙의 지표이자 성장의 수단이 되는 것이다.

1. 낮춤과 섬김이라는 지표를 통하여 볼 때 당신의 신앙은 어느 정도나 성숙해 있는가?

2. 당신은 앞으로 교회 안과 밖으로 이 낮춤과 섬김을 어떤 자세를 가지고 진행해 나갈 수 있겠는가?

우리를 죽기까지 섬기신 아버지 하나님, 주님께서 그렇게 모진 고난과 고통을 받으시고 섬겨주신 것을 생각할 때 우리가 너무나 안이한 생각으로 세상을 살고 있음을 깨닫게 하시니 감사합니다. 낮춤과 섬김이 어쩌면 세상에 그리스도의 영광을 드러내는 유일한 통로일 텐데, 그것이 우리 그리스도인들의 삶의 필수적인 요소들일 텐데, 우리는 그런 것을 생각하지 않고 너무 단편적으로만 생각해왔던 것 같습니다. 우리가 그런 사실을 깨달아 알 정도로 우리의 신앙이 성숙하지 못했음을 고백합니다. 그러나 오늘 함께 생각해본 내용들을 통하여 우리가 미처 알지 못했던 소중한 지식을 얻었사오니 이후로는 더욱 낮춤과 섬김의 삶에 힘쓰도록 도와주옵소서.

아버지 하나님. 우리들이 성경공부나 제자훈련, 통독이나 묵상과 같은 여러 수단으로 신앙생활에 힘쓰고 있지만 그것이 체험적으로 우리에게 살아있는 영적 지식이 되지 못함을 알고 있습니다. 낮춤과 섬김이 우리 신앙성장의 지표가 되기도 하지만 낮춤과 섬김을 통하여 우리 신앙이 실체적으로 성숙할 수 있음을 알게 되었습니다. 말로나 글로만 배우거나 교회 안에서만 생활하면 사실상 실질적인 성장이 매우 부족할 것이므로 우리들의 눈을 열어주시어 낮춤과 섬김의 길을 걸어갈 수 있도록 인도해 주옵소서. 항상 우리를 선한 길로 이끄시는 예수 그리스도의 이름으로 기도드립니다. 아멘.

Memo

제8장
낮춤과 섬김은 믿음의 실체이다.

그리스도인의 낮춤과 섬김은 하나님의 사랑을 실체적으로 알고 느낌으로써 행동으로 드러나는 열매이다. 그리스도의 사랑으로 행하지 않는 모든 낮춤과 행함은 하나님과 관계없는 인간개인의 일일 뿐이다. 그래서 예수님은 당연히 사랑할 대상이 아니라 전혀 다른 차원의 사랑을 행하라고 하시는 것이다. 그리스도께서 십자가에서 모진 고난과 희생을 당하신 것이 바로 나 자신을 위하여 그렇게 하신 것이라는 믿음이 아니라면 우리가 행하는 사랑은 그리스도의 사랑일 가능성이 희박하다. 그 믿음은 우리가 행하는 모든 섬김이 하나님 앞에서 그리스도를 위한 섬김인 것을 믿는 믿음이다.

바울은 디모데에게 보낸 편지에서 복음의 목적을 이야기하는데, 그것은 바로 거짓 없는 믿음에서 나오는 사랑이라고 정의하였다. 진실한 믿음에서 나오는 사랑으로 낮춤과 섬김을 행할 때 복음은 충만하게 될 수 있는 것이다. 믿음이란 그리스도와 자기 자신의 일체를 뜻하는 것이기 때문에 그리스도의 사랑은 바른 믿음이 아니면 낮춤과 섬김으로 표출될 수 없는 것이다. 바른 믿음에 기초한 사랑으로 낮춤과 섬김을 행함으로써 이 세상이 복음으로 넘치게 되기를 간절히 소망한다.

낮춤과 섬김은 믿음의 실체이다
❶ 낮춤, 섬김과 믿음

많은 믿음의 선진들은 각기 독특한 믿음의 증거들을 보여준 사람들이다. 성경 전체는 그리스도의 낮춤과 섬김의 이야기로 집약되어 있다. 그리고 모든 이야기들은 거기에서부터 파생된 내용들이다.

1. 모세와 다윗은 낮춤과 섬김을 통하여 믿음의 증거들을 보여주었다. 두 사람의 특징은 무엇인가? (출 33:11上, 행 13:22)

2. 의인이란 무엇으로 사는 사람이며 순수해보이고 의로워 보이는 거짓 행위와 삶이 드러나는 이유는 무엇인가? (합 2:4, 13~14)

3. 참된 믿음이란 하나님과 함께 한다는 마음이다. 바울은 믿음으로 주를 어떻게 하기를 원한다고 하는가? (고후 5:6~9)

4. 낮춤이나 섬김은 믿음으로 모든 것을 버리는 것이다. 부자 청년에게 한 가지 부족한 것은 무엇이었는가? (눅 18:22)

❷ 사랑과 믿음의 관계

낮춤과 섬김의 근거인 그리스도의 사랑은 믿음에서 출발한다. 믿음 안에 들어오면 하나님의 사랑 가운데 거하게 된다. 낮춤과 섬김이라는 서로사랑을 통하여 그리스도의 사랑 안에 뿌리박히는 것이다.

1. 그리스도의 사랑의 너비와 길이와 높이와 깊이를 깨달아 하나님의 모든 것으로 충만하게 만드는 것은 무엇인가? (엡 3:19)

2. 그리스도 예수 안에 있는 믿음과 사랑은 어떤 관계인가? 이것을 통하여 무엇이 우리에게 풍성하게 되는가? (딤전 1:14)

3. 믿음과 사랑은 어떤 형태로 우리에게 나타나겠는가? 예수님께는 무엇으로 나타났는가? (갈 2:20)

4. 바울은 서로사랑이 풍성함을 감사했다. 무엇이 자랄수록 더욱 더 풍성해지겠는가? (살후 1:3)

❸ 믿음으로 행함은 하나님의 능력이다.

낮춤과 섬김에는 그리스도의 낮춤과 섬김이 동반된다. 믿음이란 비현실적인 그리스도의 십자가 사랑을 이 땅에 나타내 보여주는 것으로 드러나야 한다. 믿음은 보이지 않는 것들의 현실화이다.

1. 낮춤과 섬김은 그리스도께서 내 안에 사시는 믿음으로 행한다. 무엇 때문에 끝까지 감당할 수 있는가? (마 28:20下)

2. 네 사람이 중풍병자를 태우고 낮춤과 섬김을 행한 것은 무엇에 근거한 것인가? (막 2:3~4)

3. 성경에서 예수님께서 칭찬하신 두 가지 사례는 주로 무엇을 칭찬하신 것인가? (막 2:5, 마 8:8, 10)

4. 낮춤과 섬김은 무엇과 함께 일하는가? 그럴 때 낮춤과 섬김은 무엇을 온전하게 만들어주는가? (약 2:22)

❹ 믿음과 사랑은 영적 싸움의 무기이다.

낮춤과 섬김은 믿음이 따라오지 않으면 끝까지 승리할 수 없다. 낮춤과 섬김이야 말로 마귀와의 영적 싸움에서 승리할 수 있는 비결이다. 예수님은 십자가의 낮춤 과 섬김으로 승리하셨기 때문이다.

1. 전신갑주의 무기는 무엇으로 묶여있으며, 그것은 무엇을 통하여 실행 될 수 있는가? (살전 5:8)

2. 마귀의 공격은 직접적이 아니라 유혹으로 다가온다. 물질의 미혹에 쉽 게 이길 수 있게 하는 것은 무엇인가? (딤전 6:10)

3. 놀랍게도 마귀에게 가장 치명적인 무기는 무엇이며 그것은 어떤 방식 으로 싸우는 것인가? (롬 12:20~21)

4. 낮춤과 섬김은 사랑의 행위이지만 그 최종적인 목표는 무엇이어야 하 는가? (요일 5:4~5)

낮춤과 섬김은 믿음의 실체이다

❺ 나눔과 적용

낮춤과 섬김의 근거는 사랑과 믿음이다. 아무리 진실하게 낮춤과 섬김을 행하더라도 그리스도를 믿는 믿음이 없다면 그것은 그냥 세상의 섬김이다. 그 믿음은 그리스도의 사랑을 품고 낮춤과 섬김으로 행해진다. 낮춤과 섬김의 필수 구성요건이 사랑과 믿음인데, 사랑과 믿음이 동전의 양면처럼 떨어질 수 없는 것처럼 낮춤과 섬김도 결코 분리될 수 없다. 특히 우리가 생각해야 할 것은 낮춤과 섬김은 진실한 이웃사랑임과 동시에 훌륭한 영적 싸움의 무기가 된다는 사실이다. 낮춤과 섬김이 일어나지 않는다면 믿음도 없는 것이다.

1. 세상은 우리의 낮춤과 섬김을 보고 교회를 평가할 것이다. 지금 세상은 당신을 어떻게 평가하겠는가?

2. 낮춤과 섬김의 동기와 효과를 생각하면서 당신은 어떤 방식으로 낮춤과 섬김을 행할 수 있겠는가?

낮춤과 섬김은 믿음의 실체이다
❻마무리 기도

아버지 하나님, 참으로 감사드립니다. 우리는 날마다 믿음으로 세상을 이기고 영적 싸움에 승리하자고 하는데 구체적인 실천방법을 알지 못했습니다. 그러나 오늘 믿음으로 세상을 이기는 통로가 바로 낮춤과 섬김임을 알았습니다. 인간적으로 낮춤과 섬김을 행한다면 그냥 좋은 사람의 선한 행위라고 하겠지만 그것이 그리스도를 믿는 믿음과 그리스도의 사랑으로 행해질 때에는 그것을 통하여 하나님이 드러나고 복음을 전하는 것이 되기 때문인 줄 압니다. 낮춤과 섬김도 교회 이름으로 행하기 전에 더 깊은 그리스도의 사랑을 지속적으로 알 수 있게 하는 데에 사용되기를 원합니다. 믿음으로 행한다는 기본 의식이 없다면 아무런 역사도 일어나지 않을 것입니다.

아버지, 우리는 모든 것을 믿음으로 해야 합니다. 그렇지 않으면 낮춤과 섬김을 성심껏 행하고도 마귀의 다른 유혹에 넘어갈 수도 있기 때문일 것입니다. 우리로 하여금 낮춤과 섬김도 믿음의 행위가 될 수 있도록 붙잡아 주시옵소서. 때로 교회가 세상적인 모든 수단을 다 사용하는 것을 볼 때가 있는데 우리의 낮춤과 섬김은 오직 복음 안에서 그리스도의 사랑으로 행할 수 있도록 늘 인도해주시옵소서. 믿음을 주시고 낮춤과 섬김을 행하도록 이끄시는 예수 그리스도의 이름으로 기도드립니다. 아멘.

제3부

그리스도인의 섬김

제9장
그리스도의 섬김

　인간은 죄와 욕심 때문에 작은 틈만 있으면 어떻게 하든지 자기를 드러내려고 하는 존재들이다. 주님을 위한 섬김이나 이웃을 사랑하기 위한 섬김이라도 낮춤이라는 본래적인 근거가 사라지면 여지없이 자기 의를 내세우게 되어 있다. 낮춤으로부터 우러나오는 섬김이 아니라면 그것은 마치 덜 익은 빵처럼 그 맛을 전혀 낼 수 없다. 빵은 빵인데 먹을 수 없는 것처럼 섬김은 섬김인데 그 속에 진실이 전혀 없고 하나님의 사랑도 들어있지 않고 단지 섬김이라는 형태만 남아있다면 하나님께 아무 쓸모없는 섬김일 뿐이다.

　이제 우리는 섬김의 원형을 찾아가려고 한다. 그 원형은 말할 필요도 없이 바로 예수 그리스도이시다. 우리가 아무리 열심히 정성을 다하여 섬기더라도 그리스도의 섬김의 본을 따라가지 못하거나 섬김의 마음을 우리 심령 안에 꽉 채우고 섬기지 못한다면 그 섬김은 단지 외식하는 것에 지나지 않게 될 것이다. 기독교의 섬김은 그리스도의 섬김을 따라가는 것이므로 섬김의 행위 자체가 우리의 공로가 되지 못한다. 오직 그리스도의 섬김이 우리 심령을 가득 채울 때 거기에서 우러나오는 섬김만이 진정한 섬김이 되는 것이다.

그리스도의 섬김
❶ 죄를 담당하시는 섬김

구약의 속죄제, 번제, 소제, 화목제, 속건제 등 모든 제사는 속죄, 즉 죄 문제와 직결되어 있다. 그것은 죄를 사함 받지 못하고는 하나님과의 바른 관계가 형성될 수 없었기 때문이다.

1. 예수님의 섬김의 근원은 무엇이며 그것을 어떻게 완전히 해결하셨는가? (히 9:28)

2. 죄를 담당하시는 예수님의 죽음의 섬김은 오늘날 그리스도인들을 통하여 어떻게 세상에 실현될 수 있는가? (눅 6:27~29)

3. 예수님의 죽으심은 하나님과 죄인인 사람 사이를 어떻게 만드시는 섬김인가? 우리는 어떻게 살아야 하는가? (엡 2:14, 16)

4. 예수님께서 사람의 죄와 허물을 동정하실 수 있는 근거는 무엇인가? (히 4:15)

❷ 종으로서의 섬김

섬김의 본래 모습은 어떤 것일까? 당연히 예수님에게서 섬김의 본을 찾아야 한다. 제자들의 발을 씻기신 후에 예수님은 선생이 발을 씻었으니 너희도 서로 발을 씻어주라고 말씀하셨다.

1. 우리는 주인으로서 종의 발을 씻는 것이 아니라 종으로서 씻어주는 것이다. 어떤 마음가짐이어야 하는가? (눅 17:7~9)

2. 교회와 세상에 봉사한 후에 섬김이라고 하지 않고 무익한 종이라고 해야 하는 이유는 무엇인가? (눅 17:10, 막 10:45)

3. 크게 되고 으뜸이 되고자 누군가를 섬긴다면 섬김이 아니다. 예수님의 이 말씀의 본질은 무엇이겠는가? (막 10:43~44)

4. 은혜의 해(희년)를 선포하시는 예수님은 어떤 사람을 섬기기를 원하시는가? 그것은 무엇의 증거인가? (눅 4:18~19)

그리스도의 섬김

❸ 먼저 섬김

인간이 죄를 알기도 전에 하나님은 가장 효과적인 해결책을 생각하셨고 아들 예수님이 참된 섬김을 행하도록 하셨다. 이런 근원적인 섬김의 원리를 안다면 그 누구도 뜨겁게 섬길 수 있을 것이다.

1. 예수님의 '먼저 섬김'의 가장 근본적인 원리는 무엇이고, 우리에게 무엇을 주려고 하신 것인가? (고후 5:21)

2. 예수님의 가르침을 이해하는 사람은 아무도 없었다. 왜 예수님은 먼저 가르쳐주셨는가? (요 14:26)

3. 예수님은 섬기시기 전에 먼저 용서하셨다. 받아들이면 용서받는다. 우리가 먼저 용서한다면 어떻게 될까? (요일 4:20~21)

4. 예수님의 먼저 섬김은 우리의 삶에서는 어떻게 드러나야 하겠는가? 예물과 화목은 무엇인 먼저인가? (마 6:33, 5:24)

그리스도의 섬김
❹ 죽기까지의 섬김

예수님의 섬김은 십자가 죽음까지 가셨다. 주님께서 목숨까지 버려 섬기셨다면 우리도 목숨까지 버려 섬길 수 있어야 한다. 또한 주님께서 영광을 받으신다면 우리도 그와 함께 영광을 받게 될 것이다.

1. 예수님을 위해 목숨을 버리는 것이 마땅하다. 그것을 위하여 예수님처럼 누가 우리는 돕는가? (요일 3:16, 눅 22:43~44)

2. 죽기까지의 섬김은 참 어려운 일이다. 그것을 돕는 길은 무엇인가? 어떤 심령으로 감당해야 하는가? (고후 1:11)

3. 목숨까지 버리는 섬김은 어떻게 섬기는 것을 의미하며 최종적인 목적은 무엇인가? (살전 2:8)

4. 죄 사함의 은혜를 어떻게 갚을 수 있는가? 그리고 어떤 마음가짐으로 행해야 하는가? (엡 1:7)

❺ 필요를 채우는 완전한 섬김

예수님의 성령 충만은 모든 것을 완전하게 하시는 충만이다. 메시아로서의 출발점을 성령 충만으로 완전하게 하셨던 것이다. 예수님의 섬김은 필요한 것이 충족될 때까지의 섬김이었다.

1. 예수님은 한 번의 제사로 완전한 섬김을 행하셨다. 그것으로써 만물은 어떻게 되었는가? (히 10:14, 엡 1:23)

2. 예수님의 섬김은 율법을 완전하게 하신 것이었다. 구약과 신약의 삶에서 달라진 기준은 무엇인가? (마 5:17)

3. 예수님의 섬김은 충분한 섬김이라고 했다. 그것은 또 어떤 의미의 섬김인가? (눅 10:34~35)

4. 예수님의 완전한 섬김은 신앙인들에게는 구체적으로 어떤 섬김으로 완성되어야 하겠는가? (막 12:33)

그리스도의 섬김
❻ 나눔과 적용

우리의 섬김은 그리스도의 섬김을 따르는 것이다. 그리스도의 섬김은 구약 제사와 연관되어 있는데 그것은 죄를 사하시는 섬김이었고 그것을 위해서 죽기까지 섬기시는 것이었다. 죄를 사하시는 섬김은 죄 자체가 아니라 심령을 보시는 섬김이며 하나님과의 막힌 담을 허시는 것이었다. 한편 그리스도의 섬김은 주인으로서의 섬김이지만 우리는 그냥 종으로서의 섬김이며 그렇기 때문에 섬김에 우리의 공로를 자랑할 수는 없다. 그리스도의 섬김은 모든 사람보다 먼저 섬김이며 우리도 그를 따라 먼저 용서할 수 있어야 참 섬김이 된다. 또한 그리스도의 섬김은 모든 필요를 충분히 완성시키는 섬김이었다.

1. 그리스도의 섬김에서 당신에게 가장 필요로 하는 섬김은 어떤 부분인가?

2. 그리스도의 먼저 섬김의 부분에서 이웃을 어떻게 먼저 섬길 수 있겠는가? 용서와 관련하여 이야기해보라.

그리스도의 섬김
⑦ 마무리 기도

사랑의 아버지 하나님, 오늘 그리스도 예수님의 섬김에 대해서 깊이 생각할 수 있게 하시니 감사드립니다. 우리는 지나치게 단편적으로 예수님의 섬김을 생각할 때가 많았습니다. 그러나 예수님의 섬김은 우리의 죄를 사하시기 위한 먼저 섬김이었음과 예수님의 먼저 용서로 성취되는 섬김이었음을 다시 한 번 생각합니다. 우리도 우리에게 죄를 지은 사람을 용서하기 이전에 모든 사람을 이미 용서하고 대할 수 있도록 하시어서 상처가 되지 않도록 성령으로 인도하여 주옵소서. 또한 주님의 섬김은 주인으로서의 섬김이며 우리의 섬김은 종으로서의 섬김임을 생각하게 하시고 사람에게 보이는 섬김으로 행하지 않도록 인도하시옵소서.

아울러 예수님도 죽기까지 섬기셨을 때 천사가 도운 것처럼 우리의 섬김을 성령님께서 도우실 수 있도록 우리를 만들어 주옵소서. 그리스도의 죄 사함의 섬김의 은혜를 깊이 생각하면서 그것을 이웃을 자기 자신처럼 섬기는 것으로 갚을 수 있기를 원합니다. 누구를 섬길 때에라도 우리의 한계를 생각하기 전에 상대방의 필요를 먼저 생각하고 끝까지 섬길 수 있도록 인도하시옵소서. 우리를 끝까지 섬기신 예수 그리스도의 이름으로 기도드립니다. 아멘.

제10장
복음으로서의 섬김

　복음을 위하여 섬기는 것이 아니라 섬기는 것 자체가 복음이다. 그 섬김이 영원한 가치가 되기 위해서는 자기 자신이 주관이 되어서 행하면 상당히 위험하다. 모든 것을 하나님 중심으로 생각하되 우리가 아니라 하나님의 영광을 위해 섬겨야 하는 것이다. 섬김이 바로 복음이어야 하는 까닭이다. 복음은 예수님의 낮춤과 섬김으로부터 시작되었다. 근본 하나님의 본체이신 예수님께서 인간이 되시고 종의 형체로 자기를 낮추시고 죽기까지 섬기셨다. 하지만 그것은 시작이다. 복음은 섬김의 삶에 결정적인 원칙과 능력이 된다는 것을 알아야 한다.

　복음으로서의 섬김의 의미를 모르면 모든 것이 자기 공로가 되기 쉽다. 그리스도 안에서 섬김을 행한다는 자기 인식이 있어도 그렇다. 복음으로서의 섬김은 그리스도의 낮춤과 섬김 속에 우리를 속하게 만드는 것이다. 우리의 모든 섬김이 그리스도의 복음의 연장선상에 있는 것이다. 복음으로서의 섬김의 범주를 벗어나면 전부 사람에게 보이려고 행하는 것이 되고 만다. 사람들에게 인정받고 칭송을 받으면 이미 우리가 받을 영원한 상은 다 사라져버린다. 복음으로서의 섬김 의식으로 세상을 섬기시기 바란다.

복음으로서의 섬김
❶ 복음의 본질적인 성격

그리스도인은 근본적으로 복음적이어야 한다. 그리스도의 죽으심으로 인하여 구약은 완성되었고 전혀 새로운 새 시대가 열렸다. 우리는 구약의 율법이 아니라 신약의 복음의 원리로 사는 사람들이다.

1. 복음의 본질적인 성격은 무엇이며 그것은 어떤 상황에서 인간에게 주신 선물인가? (요일 1:5, 마 4:16)

2. 예수님께서 가장 핵심적으로 행하셨던 사역, 곧 복음의 최종 목적은 무엇인가? (마 9:35)

3. 그리스도인의 섬김은 복음적 섬김이다. 복음적 섬김의 핵심적인 출발점은 무엇인가? (행 26:23)

4. 그리스도의 복음은 어떤 방해를 받았으며 그 복음은 결국 어떻게 되었는가? (마 26:31, 요 19:30)

복음으로서의 섬김

➋ 복음에는 섬김이 포함된다.

복음이 복음 되기까지 구약에서부터 하나님께서 사용하신 섬김의 주인공들은 다양했다. 그 엄청난 섬김을 통하여 복음이 보존되어 왔다. 우리가 복음을 위하여 몸을 아끼지 말아야 하는 이유이기도 하다.

1. 예수님의 머리에 값비싼 향유를 부은 여인은 결국 예수님의 죽음에 어떤 섬김을 행한 것이었는가? (마 26:12~13)

2. 예수님의 시신을 위해 향품을 준비한 여인이나 무덤에 모신 사람은 결국 무엇을 준비하는 섬김이었는가? (마 27:57~60)

3. 나누라고 주신 복음의 선물은 어떤 마음가짐으로 나누어야 하며 나누지 않는다면 어떻게 되는가? (고전 9:16)

4. 아버지와 아들과 성령님과 선지자들의 섬김으로 세워진 복음은 어떻게 전파되어야 하겠는가? (롬 16:25~26上)

❸ 섬김의 복음적 자세

복음적인 섬김은 가장 먼저 모든 일을 주님을 섬기는 것처럼 진심으로 섬기는 것이다. 복음적인 태도는 그리스도 예수님처럼 행하는 것이다. 예수님은 스스로 종이 되셔서 죄인 된 심령들을 섬기셨다.

1. 복음적인 섬김의 가장 기본적인 태도는 무엇이며 바울은 그것은 무엇을 위함이라고 하였는가? (빌 2:30)

2. 복음적 섬김은 많은 것을 버리거나 포기해야 하는데, 당연한데도 포기하는 것은 무엇이며 무엇을 위해서인가? (고전 9:12)

3. 복음적 섬김이 세상적 가치의 섬김과 근본적으로 다른 것은 무엇인가? (막 9:35)

4. 일상생활 속에서 오히려 더 복음적이 되어야 한다. 바울이 권면하는 두 가지 예를 들어보라. (엡 6:9, 살전 2:9)

❹ 섬김은 복음에 참여하는 것이다.

우리의 섬김은 복음의 통로이며 하나님의 복음의 제사장 직분을 감당하는 것이다. 모든 그리스도인들은 이방인들을 위하여 그리스도의 복음을 전파하기 위한 제사장의 역할을 감당하는 사람들이다.

1. 바울이 이방인을 제물로 드린다고 표현한 것은 어떤 의미로 사용한 말인가? (롬 15:16 下)

2. 주의 이름으로 선지자 노릇을 했어도 주님은 도무지 모른다고 하셨다. 이유는 무엇이고 무슨 뜻이겠는가? (마 7:22~23)

3. 하나님 뜻대로 행하는 사람만 천국에 간다고 하셨다. 하나님의 뜻대로 행하는 것은 무엇을 뜻하는가? (마 7:21, 고전 9:23)

4. 그리스도인의 삶은 복음에 합당해야 한다고 했다. 그것은 우리의 생활 자체가 무엇이어야 한다는 뜻인가? (빌 1:27)

❺ 복음전파는 복음적 섬김이다.

전도를 전혀 별도의 행위로 보고 있지만 전도는 고도의 섬김의 행위이다. 복음과 상관없는 섬김은 사실상 의미나 가치가 없다. 복음적인 동기와 원리를 따라 살 때 하나님께서 증인이 되어 주신다.

1. 예수님의 공생애 기간에 행하신 모든 섬김 중에서도 가장 중심적인 활동은 무엇이었는가?

2. 그리스도인은 일반적인 삶이라도 그 자체가 복음적이어야 한다. 그렇지 않으면 어떤 결과가 오겠는가? (고전 1:17)

3. 사도 바울은 로마에서 투옥된 상태에서도 그 고난을 어떻게 받아들였는가? (빌 1:12)

4. 바울은 성도들을 위하여 무엇이 되었다고 했는가? 당신은 복음을 위하여 어떤 사람이 되고 싶은가? (살전 1:5)

복음은 예수님의 낮춤과 섬김으로부터 출발하지만 복음은 전하는 것이 아니라 살아가는 것이어야 한다. 그래서 복음이 곧 섬김이다. 복음을 따라 사는 사람이 곧 복음인 것이다. 복음으로서의 섬김이 아니면 자기공로가 되어버리고 그것은 하나님께 불법이 되는 것이다. 복음적 섬김은 예수님처럼 생명을 아끼지 않는 것이며 당연히 누려야 할 권리를 포기하는 것이며 뭇사람의 끝이 되어서 섬기는 것이다. 복음적 섬김은 이방인을 제물로 곧 의인으로 드려지게 만드는 것이며 전도는 가장 중요한 복음적 섬김이다.

1. 당신 자신이 복음이라고 생각한 적이 있는가? 지금 어느 정도나 복음적으로 사는가?

2. 복음을 위하여 주어진 권리를 포기하고 뭇사람의 끝이 되는 섬김을 행하고 있는가? 구체적으로 이야기해 보라.

복음으로서의 섬김
❼ 마무리 기도

아버지 하나님, 이제까지 복음은 전하기만 하는 것이고 교회에 초청해서 배우게 하는 것인 줄로만 알았습니다. 그러나 우리 자신이 복음이 되고 복음대로 살아야 한다는 내용을 통하여 복음의 본질을 다시 생각하게 되었습니다. 감사합니다. 우리의 삶 자체가 예수님을 따라 예수님을 닮는 것이어야 하는데 그것이 곧 우리가 복음이 되는 길인 줄 깨달았습니다. 더구나 우리가 복음이라는 의식으로 세상을 섬기지 못하면 우리를 통하여 하나님의 영광이 나타나지 못하고 그것이 곧 예수님께서 말씀하신 불법이라는 사실을 생각할 때 너무나도 부족한 신앙으로 세상을 살았음을 고백할 수밖에 없습니다.

하나님, 이제는 우리가 숨 쉬고 움직이는 모든 것이 복음적으로 이루어져야 하겠사오니 늘 깨닫게 하시고 복음을 삶으로 살 수 있도록 성령님으로 힘과 능력을 더하여 주옵소서. 비록 복음으로서의 섬김이 생명을 아끼지 않는 것이고 자기에게 마땅히 주어진 권리조차도 포기하는 것이며 뭇사람의 끝이라는 의식으로 세상을 섬기는 것이지만 그렇게 우리의 생각이 바뀐다면 어떤 경우에도 우리가 그 복음을 살 수 있을 줄 믿습니다. 꼭 붙잡아 주셔서 복음적 삶으로 세상을 이길 수 있도록 이끌어주옵소서. 우리에게 복음의 근원이 되어주시는 예수 그리스도의 이름으로 기도드립니다. 아멘.

제11장
삶의 모델로서의 섬김

　우리는 섬김의 범위를 삶의 전 영역으로까지 확산시킬 필요가 있다. 교회생활은 물론이고 직장이나 사무실, 공원, 병원, 각종 정치현안에 이르기까지 섬김의 개념을 확장해야 하는 것이다. 나눔과 섬김의 기준과 방식을 보여주어야 하는데 그러기 위해서는 무엇을 지키거나 하지 않는 것까지도 섬김의 범주에 포함시켜야 할 것이다. 그런 모든 목적을 위하여 섬김의 개념을 바꾸어야 한다.

　섬김의 개념을 삶의 기준을 보여주는 것까지로 확대해야 하는 이유는 어려운 사람들을 섬기는 것으로 그리스도인의 삶의 방식을 보여주는 것뿐만 아니라 부정과 부패나 편법 등을 사용하지 않는 것으로 삶의 방식을 보여주는 모든 것이 섬김이기 때문이다. 열심히 섬기는데 삶이 부패한 모습을 보여준다면 그의 열정적인 섬김에도 불구하고 그는 그리스도인으로서의 삶의 모델이 결코 될 수 없을 것이다.

　그리스도인의 삶의 방식은 굉장히 중요하다. 어떤 존재이든지 고유의 살아가는 방식이 있다. 그리스도인의 섬김은 그리스도인들만의 고유한 삶의 방식이어야 한다. 우리는 우리의 삶의 방식을 통하여 세상에 예수 그리스도의 사랑과 희생과 구원을 보여주는 사람들이다.

❶ 세상에 선악의 기준을 제시한다.

사도 바울은 우리의 대적자들이 부끄러워할 정도로 윤리적이어야 할 것을 요구한다. 예수님께서 제시하신 이웃사랑의 실천적인 부분을 감당하지 않으면 상대방에게 부끄러움을 끼치는 것은 아니다.

1. 불의, 탐욕, 분쟁, 살인, 악독 등 인간의 죄가 세상에 드러나게 되는 근본적인 원인은 무엇인가? (딤후 3:2)

2. 자기사랑이 악의 근원인데 그보다 더 본질적인 이유는 무엇인가? 하나님의 심판은 어떻게 내려지는가? (롬 1:28)

3. 그리스도인의 행위로 사람들에게 기준을 제시할 수 있는 두 가지를 이야기해보라. (약 2:1, 롬 12:19)

4. 말세에는 사람들 사이에 사랑이 식어질 텐데 그 원인은 무엇이고 우리는 어떻게 해야 하겠는가? (마 24:12)

삶의 모델로서의 섬김

❷ 믿는 자에게 본을 보인다.

이웃사랑은 형제사랑으로부터 출발한다. 삶의 모델로서의 섬김에도 원칙적으로 형제사랑이 기본이 된다. 우리의 목표지점은 하나님을 모르는 이웃이다. 그러나 그 원리를 형제사랑에서 찾아야 한다.

1. 그리스도인들에게 있어서 권면과 분별과 지혜는 전부 무엇을 기준으로 해야 하는가? 왜 그런가? (고전 4:6)

2. 그리스도인의 섬김의 첫째 단계는 상대방의 허물에 공감하는 것이다. 그 후에는 무엇을 해야 하는가? (롬 15:1~2)

3. 무엇을 하지 않는 본을 보이는 것은 매우 중요하다. 바울은 고린도에 가지 않는 이유를 무엇이라고 하는가? (고후 1:23~24)

4. 혹시 자기자랑이나 자기 의를 드러내려는 것이 아니라면 형제들은 서로 어떤 태도를 취해야 하겠는가? (행 10:22)

삶의 모델로서의 섬김
❸ 세상에서 삶의 모델이 된다.

삶의 모델은 그리스도인들만의 고유한 삶의 방식이다. 오늘날 기독교인과 세상 사람들의 생활방식의 차이를 발견하기 어렵지만 우리 고유한 삶의 방식을 보여주기 위해 이겨나가야 하는 것이다.

1. 그리스도인의 삶의 방식은 지혜로워야 한다. 그러나 정말 지혜로운 것은 무엇인가? (고전 3:18~20)

2. 세상 모든 원리는 전부 돈을 중심으로 형성된다. 그러나 물질은 사람을 어떻게 만드는가? (딤전 6:9~10)

3. 삶의 모델로서 귀한 사례인 초대교회에서는 어떤 모습으로 돈을 이겨내는 삶의 방식을 보여주었는가? (행 2:44~45)

4. 그리스도인의 고유의 삶의 방식으로 참된 섬김을 행하기 위한 귀중한 원칙은 무엇이겠는가? (벧전 2:20~21)

❹ 감사의 섬김의 모델이 된다.

진정한 섬김은 하나님의 은혜에 대한 감사에서 비롯되는 것이다. 감사로 충만하지 못하면 자기중심적으로 흘러 공로로 변하거나 박해를 견뎌낼 힘도 없으며 평안과 기쁨을 누릴 수도 없을 것이다.

1. 가장 근본적인 감사, 마지막까지 우리가 이길 수 있게 하는 감사는 어떤 감사이겠는가? (롬 6:17~18)

2. 그러나 죄 사함과 구원의 감사에 그쳐서는 안 된다. 날마다 지속적으로 감사해야 하는 이유는 무엇인가? (골 1:11~12)

3. 진정한 감사로부터 비롯되는 섬김은 무엇을 기대하겠는가? 우리의 섬김의 기본 원칙은 무엇인가? (눅 14:13~14)

4. 감사가 넘친다면 모든 경우에 그럴 것이다. 일상의 삶에서 감사를 드러내는 방법은 무엇인가? (벧전 3:9)

삶의 모델로서의 섬김
❺ 천국으로서의 섬김의 모델이 된다.

그리스도인들은 천국의 삶의 원리를 이 땅에서 보여줌으로써 천국의 모형을 드러내는 사람들이다. 우리가 섬김이라는 고유의 행위를 통하여 보여주고자 하는 것은 바로 천국의 맛보기와 같은 것이다.

1. 주님께서 말씀하신 천국은 이 땅에 어떻게 이루어졌는가? 권능으로 임한다는 말씀은 무슨 뜻인가? (막 9:1)

2. 천국을 이 땅에서 보여주는 섬김의 가장 핵심적인 원리는 무엇인가? (마 18:12~14)

3. 천국의 섬김은 사람들 앞에 예수님을 시인하는 것이다. 섬기지 않는 사람은 어떤 사람이라고 하시는가? (마 10:32~33)

4. 천국을 어떤 활동으로 생각하면 외식하는 신앙일 수 있다. 천국은 무엇을 말하는 것인가? (롬 14:17)

❻ 나눔과 적용

우리는 복음이며 그 복음은 우리의 섬김의 모델을 제시함으로써 구체화될 수 있다. 물론 그 모델은 단지 모델로서가 아니라 우리가 실제로 세상에 보이는 삶의 방식이다. 세상은 마음에 하나님 두기를 싫어함으로서 불의나 탐욕의 모습들을 보여주지만 우리는 유불리에 따라서 삶의 기준을 바꾸거나 불리하다고 상대를 악마화해서도 안 된다. 삶의 모델은 먼저 형제들에게 보여야 하는데 그 모든 기준과 근거는 순전히 말씀이어야 한다. 우리는 선악의 모델과 경제활동의 본, 감사의 모습, 천국의 의식을 가지고 세상에서 삶의 모델이 되어야 한다.

1. 당신은 교회 안에서 형제들에게 어떤 모델로서의 삶을 살고 있는가? 그것은 순전히 말씀에 근거하는 삶인가?

2. 당신의 삶 속에서 어떻게 천국백성으로서의 삶의 모습을 나타내고 있는가?

❼ 마무리 기도

사랑이 넘치는 하나님 아버지, 우리가 복음으로서 세상에 보여주어야 할 모습들에 대해서 뚜렷한 기준을 가지지 못했습니다. 성공이나 성취를 이루는 것으로는 복음의 모델이 되지 못하는데도 불구하고 마치 성공하면 하나님의 살아계심을 보여주는 것처럼 생각하는 일이 너무 많았습니다. 삶의 모델은 확실하게 그리스도인으로서의 고유한 삶의 방식으로 드러내야 하는데 그것이 교회 안에서만 이루어졌음을 또한 고백합니다. 불법이나 편법, 불의가 세상에 만연하고 있지만 성도들조차 거기에 편승해서 세상과 복음의 구별도 별로 뚜렷하게 살지 못했습니다. 하나님, 우리의 어리석음을 용서해 주옵소서.

아버지, 이제는 정말 세상의 거대한 흐름의 한가운데에 서서 오직 복음만이 보여줄 수 있는 삶의 모습들을 당당히 보여주고 세상을 거스르는 하나님의 말씀을 우리의 생명으로 삼고 그 말씀을 삶으로 드러낼 수 있도록 도와주옵소서. 아버지, 무엇보다도 적어도 성경적인 선악의 기준을 확실하게 만들어 세상이 교회를 모델 삼을 수 있도록 하시고 믿음이 약하거나 어린 성도들에게도 장성한 믿음의 본이 되게 하시며 모든 삶의 방식이 진정한 감사에 근거를 두기를 원하며 또한 천국의 삶의 원리를 땅에서 보이게 도와주옵소서. 우리의 기준이 되시는 예수님의 이름으로 기도드립니다. 아멘.

제12장
좁은 문의 섬김

그리스도인의 섬김은 성령 안에서 수시로 기쁨과 행복을 누리지만 항상 즐겁고 기쁘고 행복한 것은 아니다. 오히려 그런 기쁨과 행복을 위하여 모든 것을 참고 섬긴다는 것이 바른 표현일 것이다. 예수님께서 박해와 비난과 조롱과 고통과 괴로움을 왜 견디셨는가? 오로지 한 가지, 이 세상 모든 죄인들을 죄에서 구원하기 위해서였다. 그래서 그 길은 좁은 길일 수밖에 없는 것이다.

좁은 길을 가면서도 그것이 고통이나 어려움으로 느껴지지 않는 방법은 우리의 섬김에 대한 확신이다. 예수님께 대한 확신, 부활과 영생에 대한 확신이 없다면 결코 그럴 수 없다. 창조주 하나님과 예수 그리스도에 대한 확신이 아니면 허무해질 뿐이다. 진정한 믿음의 본질을 생각하지 않고는 참 섬김의 길을 가기 어렵다는 말이다.

나눔과 섬김의 목적은 그들의 마음을 향하는 그리스도의 길을 곧게 하기 위함이다. 우리의 섬김은 예수님을 대신하여 섬기는 것이다. 그리고 예수님께서 죄인들을 섬기시기 위하여 생명을 내어주신 것처럼 섬김은 온 생명을 다하여 행할 때 충분한 섬김이 되는 것이다. 이런 모든 길은 좁고 험한 길이라는 사실을 잊어버리면 안 된다.

좁은 문의 섬김
❶ 주의 길을 준비하는 섬김

이사야 선지자는 죄의 사함을 가져오는 메시야의 희망을 노래하였다. 그 메시아가 오실 굽은 길, 험한 길을 평탄케 하는 존재가 나타날 것이라고 한 것이다. 그 존재는 외치는 자의 소리이다.

1. 세례 요한에게 맡겨진 광야에서 외치는 자의 소리는 구체적으로 어떤 길을 어떻게 한다는 것인가? (눅 3:4~5)

2. 주의 길을 준비하는 네 가지 길은 오늘날 각각 어떤 길을 상징하겠는가? (눅 3:4~5)

3. 그리스도인이 가져야 할 세례 요한의 가장 근원적인 외침은 무엇이며 그 이유는 무엇인가? (요 3:30)

4. 세례 요한이 자기는 망하고 주님은 흥하셔야 한다고 이야기한 섬김의 본질은 무엇인가? (요 1:27)

제12장 · 좁은 문의 섬김 **99**

❷ 주를 대신하여 섬김

예수님은 우리 죄뿐만이 아니라 허물과 죽음까지도 대신 감당하셨다. 예수님의 대신 죽으심이 아니면 우리를 세상에서 건지실 수 없었다. 우리의 섬김은 예수님의 죽으심을 대신 보여주는 것이다.

1. 예수님께서 모든 사람을 대신하여 죽으신 것은 무엇을 위한 섬김이었는가? (고후 5:14~15)

2. 그리스도께서 고난을 받으신 것은 우리에게 무엇을 기대하시는 것인가? 우리는 무엇을 해야 하는가? (벧전 2:21)

3. 우리가 주를 대신하여 이웃을 섬길 수 있도록 예수님은 우리를 어떻게 도우시는가? (행 10:38)

4. 하나님께서 침묵하시는 것처럼 느껴질 때에라도 우리는 예수님의 어떤 약속을 믿고 기다려야 하는가? (마 28:20)

좁은 문의 섬김

❸ 생명으로서의 섬김

예수님은 지극히 작은 자를 섬긴 것이 예수님을 섬긴 것이고 작은 자를 섬기지 않은 것이 예수님을 외면한 것이라고 하셨다. 그런데 섬긴 사람은 영생으로, 섬기지 않은 사람은 영벌에 처해진다.

1. 생명이신 예수님께서 생명을 버리시고 부활하셨다. 그 예수님을 믿는 자는 어떻게 섬겨야 하는가? (요 11:25~26)

2. 살고자 하면 생명을 잃어버릴 것이고 죽고자 하면 영생을 얻는다(요 12:25). 죽고자 하는 것은 어떻게 섬기는 것인가?

3. 형제사랑으로 사망에서 생명으로 옮겨졌다(요일 3:14). 그 사랑은 형제를 어떻게 사랑하는 것인가?

4. 바울은 예수님의 죽으심을 자기 몸에 항상 짊어지는 이유를 무엇이라고 설명하는가? (고후 4:10~11)

❹ 좁은 문의 섬김

그 좁은 길, 좁은 문은 어디로 들어가는 길인가? 그 문은 구원을 받고 영생으로 들어가는 문이며, 드나들면서 영적인 꼴을 얻을 수 있는 문이다. 그 좁은 문은 바로 예수 그리스도이시다.

1. 좁은 문은 생명으로 인도하고 넓은 문은 멸망으로 인도한다. 구체적으로 어떤 문이겠는가? (마 7:13~14)

2. 양의 문(예수님)으로 드나들지 않으면 절도요 강도이다. 그런데 깜짝 놀랄 일이 일어나고 있다. 무엇인가? (마 23:13)

3. 양의 문을 막는 것이 아니라 넓은 길을 가는 사람을 돌이키는 것은 무엇에 해당되고 어떤 결과가 주어지는가? (약 5:20)

4. 좁은 문의 섬김과 관련하여 그 섬김의 길을 어떻게 구할 수 있겠는가? (마 7:7)

❺ 나눔과 적용

낮춤과 섬김의 길은 결코 쉬운 길이 아니다. 그렇다고 즐겁거나 행복하기만 한 것도 아니다. 좁은 문의 섬김은 하나님과의 사이를 가로막고 있는 감정의 골이나 교회의 제도적 담장, 복음에 대한 오해나 영적 장애를 극복하게 만들고 그 길로 더 쉽게 들어가도록 하는 섬김이다. 그런데 그 길은 우리 자신은 망하고 오직 주님만 흥하게 하는 길이어야 한다. 주님께서 모든 사람을 위하여 죽으신 것처럼 우리는 주님을 대신하여 모든 사람을 섬기는 것이 좁은 문의 섬김이다. 좁은 문으로 들어가는 길을 구하고 찾고 두드려야 한다.

1. 광야에서 주께로 가는 길을 평탄케 하는 일 중에서 당신은 주로 어떤 길의 섬김을 담당하는가?

2. 당신 자신은 축복과 성공의 넓은 문으로 향하고 있는가, 아니면 낮춤과 섬김의 좁은 문으로 향하고 있는가?

좁은 문의 섬김
❻ 마무리 기도

하나님 아버지, 진즉에 좁은 문으로 들어가는 것이 우리들의 삶이라는 생각은 가지고 있었지만 주를 위해서 이런 저런 일을 감당하려고만 했었습니다. 그러나 오늘 좁은 길로 가는 의미를 더욱 깊이 알게 하시니 감사드립니다. 세례 요한의 삶이 주께로 가는 복잡하고 좁은 길을 평탄하게 만드는 일이었음을 생각하면서 우리의 삶도 세례 요한의 삶과 원리적으로 동일함을 깨닫습니다. 우리가 좁은 길을 걸을 때 우리가 망할지라도 주님께서 흥하시게 하는 것이 목적이 될 수 있도록 도와주옵소서. 그리고 그 길이 바로 예수님의 죽음으로 가는 길임도 생각합니다. 좁은 길이 더 뿌리 깊은 확신이 되게 하소서.

아버지, 좁은 문의 길은 생명의 길임도 다시 생각합니다. 목숨까지도 아까워하지 않는 섬김은 바로 모든 이웃을 생명처럼 섬기는 것을 의미할 것입니다. 주께서 모든 사람들을 위해 죽음의 섬김을 주셨다면 우리는 예수님 대신 모든 사람들을 섬길 수 있도록 힘을 더하여 주옵소서. 좁은 문의 섬김이 우리가 끝까지 구원을 얻을 수 있는 길임을 생각하고 그 길을 걷기 위하여 구하고 찾고 두드리는 사람이 되게 하소서. 예수님의 이름으로 기도드립니다. 아멘.

Memo

제13장
섬김은 갚아주신다.

섬김의 목적과 목표는 무엇인가? 당연히 복음의 전파이고 하나님께 영광이다. 우리의 섬김을 통하여 그리스도를 보여주어야 한다. 보이는 복음으로서 예수님을 대신하여 섬기는 것이다. 예수님은 그렇게 십자가 섬김을 통하여 생명을 버리시고 부활하심으로써 구원을 완성하셨다. 완성된 구원이 아니라 구원을 이루어나가는 것이다. 거기에는 섬김이 반드시 필요하다.

그러면 예수님은 부활하신 후에 어떻게 되셨는가? 하나님은 죽으셨다가 부활하신 예수님을 만물 위에 뛰어나게 하시고 교회의 머리가 되게 하셨다. 물론 예수님은 원래의 자리로 돌아가신 것이다. 오직 인간 구원을 위한 죽음의 섬김의 결과는 회복인 것이다. 섬김의 목표지점은 원래의 회복이다.

그러면 예수님의 섬김의 길을 따라가는 우리들에게는 무엇이 기다리고 있겠는가? 그리스도인들은 어떤 보상을 바라고 섬기는 사람들이 아니다. 이 땅에서는 보상이 전혀 없을 수도 있다. 단지 그리스도인들에게도 예수님과 마찬가지로 원래의 회복을 주신다. 그것이 그리스도인들의 섬김의 상이다. 과연 어떤 상인가?

섬김은 갚아주신다

❶ 상을 받는 섬김

주님은 작고 보잘 것 없는 섬김이라도 다 갚아주신다. 섬김의 상이 확실한 경우는 갚을 것이 없는 사람들을 향한 섬김이다. 칭찬이나 자기 공로를 지향하면 하나님이 아니라 자기 자신을 위한 것이다.

1. 지극히 작은 것에 충성하지 않으면 그는 어떤 사람인가?(눅 16:10) 섬김은 무엇을 지향해야 하는가?

2. 겨자씨만한 섬김을 진심으로 행한다면 어떤 결과가 나오겠는가? 섬김에 무엇이 담겨있어야 하겠는가? (마 13:31~32)

3. 믿음은 무엇을 가져오고 그것은 무엇으로 돌아오며 무엇으로 갚아지는가? (히 10:35~36)

4. 행한 대로 갚아주신다는 약속 이전에 주님은 무엇을 강조하시는가? (마 16:25, 27)

섬김은 갚아주신다
❷ 상을 받는 섬김의 태도

하나님 중심적 섬김은 영광과 존귀와 썩지 않을 것을 구하고 자기중심적 섬김은 진리가 아니라 불의를 따르는 행위이다. 어떤 섬김을 어떻게 행하든지 자기 욕심을 버리는 것이 하늘의 상의 기준이다.

1. 사람에게 보이려는 행함은 결코 상을 받지 못한다. 그런 섬김의 본질은 무엇인가? (마 6:1)

2. 무엇이든지 주께 하듯 사람을 섬기는 사람에게 상을 주신다. 그 이유는 무엇인가? (골 3:23~24)

3. 구제나 섬김의 대원칙은 무엇이며 그렇게 해야 하는 이유는 무엇인가? (마 6:2~4)

4. 이웃을 섬길 때 자랑하면 두 가지 현상으로 돌아오는데 그것은 무엇인가? (벧전 5:5, 고전 10:10)

섬김은 갚아주신다

❸ 이 땅에서 주시는 섬김의 상

진실한 섬김의 상이 물질이라면 그것은 곧 썩어 없어져버릴 것들이다. 예수님은 상 받을 조건을 그 나라와 그의 의를 구하는 데에 두셨다. 하늘을 구하는 사람은 이 땅의 보상을 원하지도 않을 것이다.

1. 먹을 것, 입을 것은 그 나라와 의를 구하면 다 주신다. 현실에서 정말 상이 될 수 있는 것은 무엇이겠는가? (마 6:31, 33)

2. 부함과 성공과 번영이 하나님의 상이 될 수 없다면 그 이유는 무엇이겠는가? (눅 12:19~20)

3. 눈에 보이는 상을 생각하면 얻을 것은 아무것도 없다. 진짜 우리에게 큰 상은 어떤 것인가? (갈 5:22~23)

4. 곧 썩어져 사라질 보물이 아니라 하늘에서 기뻐하실 보물을 위해 섬겨야 하는 이유는 무엇인가? (마 6:20~21)

섬김은 갚아주신다
❹ 천국에서 주시는 섬김의 상

천국에서 주어지는 섬김의 상은 놀랍게도 지상에서의 상과 유사하다. 이 땅에서 보상의 성격을 물질과 명예와 권세이지만 하늘에서도 똑같은 성격의 상이 주어진다는 사실을 알아야 한다.

1. 마귀의 첫 번째 시험은 무엇이고 예수님은 어떻게 물리치셨으며 어떻게 하늘의 상이 될 수 있는가? (마 4:2~3, 계 22:1~2)

2. 마귀의 두 번째 시험은 무엇이고 예수님은 어떻게 물리치셨으며 어떻게 하늘의 상이 될 수 있는가? (마 4:5~6, 딤후 4:8)

3. 마귀의 세 번째 시험은 무엇이고 예수님은 어떻게 물리치셨으며 어떻게 하늘의 상이 될 수 있는가? (눅 4:5~7, 계 2:26)

4. 이 모든 상을 종합하면 그것은 회복이다. 천국에서는 무엇과 무엇을 회복해주시는 것인가? (사 65:25, 고전 15:45)

섬김은 갚아주신다
❺ 나눔과 적용

성경에는 진실한 섬김을 행하면 반드시 갚아주신다고 했다. 그렇다면 이 땅에서의 성공과 부유함으로 갚아주시는가? 결코 그렇지 않다. 이 세상에서의 섬김의 상은 염려하지 않도록 해주시는 것이다. 물론 그 나라와 의를 구하는 사람들에게 주시는 특별한 상이다. 만약에 예수님을 시험하신 마귀의 유혹처럼 물질과 명예와 권력을 상으로 여긴다면 그는 하나님의 자녀가 아니다. 이 세상은 주님께서 필요에 따라서 주신다. 오히려 천국에서 상을 주시는데 사실은 그것도 물질과 명예와 권력으로 보상해주신다. 종합하면 새로운 아담으로 회복되게 하시고 새로운 에덴으로 회복해주시는 것이다.

1. 주의 일을 열심히 하면서 혹시 이 세상의 물질이나 명예를 보상해달라고 열심히 구한 적은 없었는가?

2. 저 천국에 가서 어떤 상을 받을 것을 기대하고 있었는가? 오늘 내용과 비교하여 보라.

하나님 아버지, 지금도 열심히 주를 위하여 일하면서 은근히 또는 적극적으로 이 세상의 보상을 기대하는 것이 잘못된 것이라는 사실을 생각해봅니다. 왜냐하면 이 땅의 것들은 언젠가는 다 썩어 없어져버릴 배설물과 같은 것들인데 만약에 그런 것을 기대하고 있다면 결국 그 사람의 정체성은 이 땅에 그칠 것이기 때문입니다. 때로는 하늘의 신령한 복과 땅의 기름진 복을 기대하지만 이 세상에서 잘 살고 저 하늘에서도 잘 사는 법은 없다는 사실을 알게 됩니다. 이 땅에서의 고난이 오히려 저 하늘의 큰 상이 되기 때문입니다. 그럼에도 불구하고 그 나라와 의를 구하기만 하면 모든 염려를 다 책임지시니 참으로 감사드립니다. 필요한 만큼은 반드시 주시는 것이기 때문입니다.

아버지, 우리가 하늘의 상을 바라고 복음적인 섬김의 삶을 살기를 간절히 원합니다. 우리가 당해야 하는 고난과 박해와 불이익은 하나님께 전부 맡기고 우리는 예수님을 따라 낮춤과 섬김으로 세상의 소금이 될 수 있도록 인도하옵소서. 오히려 이 땅에서의 상은 성령의 아홉 가지 열매인 것을 믿게 하시고 그것을 보물로 삼을 수 있도록 하시어서 항상 거기에 마음이 갈 수 있게 도와주옵소서. 또한 우리의 모든 삶이 하나님의 사랑과 예수님의 희생으로 인한 것이므로 무조건 감사로 섬길 수 있도록 하시옵소서. 예수님의 이름으로 기도드립니다.

제4부

―

섬김의 삶을 위하여

제14장
우리가 꿈꾸는 세상

　우리가 꿈꾸는 세상은 이스라엘 왕국이 아니다. 오히려 포로기의 상황이 지금 우리 기독교와 닮아있다. 포로기에는 이방 풍습 속에서 그들의 정체성을 지켜야 했기 때문이다. 지금 우리나라는 이방국가이다. 그 이방나라에서 그리스도인의 정체성을 가지고 섬김의 삶을 살아야 한다. 정체성이란 우리가 아닌 다른 사람, 우리의 세계가 아닌 다른 세계에 부딪힐 때 보다 더 분명하게 드러난다. 우리의 정체성은 우리 내면의 자기인식의 표출인데 우리가 아니라 교회 밖의 사람들에게 어떤 평가를 받는가에 의해서 결정되기 때문이다.

　먼저 우리 자신이 어떤 존재가 되어야 하는가에 우리의 꿈이 있어야 한다. 우리가 꿈꾸는 세상이 아니라 우리가 꿈꾸는 우리 자신이 있어야 한다는 말이다. 그런 후에 우리가 지향하는 세상이 부분적으로 성취될 수 있는 것이다. 어느 날 갑자가 천국으로 쑥 빨려 올라가는 것이 아니다. 천국소망을 가질 만큼 준비되지 못하면 천국에는 오라고 해도 갈 수가 없다. 천국은 우리가 꿈꾸는 세상을 통하여 들어가게 되는 것이다. 우리는 성경에서 우리의 꿈을 이루는 방식을 찾아야 한다.

❶ 환경에 흔들리지 않는 섬김 - 다니엘

다니엘은 이방 나라에서 율법을 정확하게 지키는 것으로 자기 신앙의 정체성을 다하고 있었다. 그것은 하루 세 번씩 예루살렘으로 향하는 창문을 열고 기도하는 것이었다. 그것이 다니엘을 정의하였다.

1. 다니엘은 평소처럼 창을 열고 하루 세 번씩 기도했는데, 심지어 어떤 상황에서도 포기하지 않았는가? (단 6:10)

2. 왕은 정적들의 계략임을 깨닫고 다니엘의 안위를 크게 걱정했다. 다니 엘은 그만큼 왕에게 어떤 존재였겠는가? (단 6:19~20)

3. 다니엘은 성경의 기록상 몇 왕국, 몇 명의 왕에게 충성하였는가? 그것은 무엇을 뜻하는가? (단 1:1, 6:28)

4. 다니엘의 변함없는 충성의 사례를 두 가지만 들어보라. 그의 충성은 누구를 중심으로 이루어졌는가? (단 4:33, 5:25~28)

❷ 공동체를 위한 섬김 – 모르드개

우리는 불신 세상에서 그리스도인의 정체성을 지켜야 한다는 점에서 모르드개와 같은 상황이다. 그는 유대인의 정체성을 지켰는데 그의 섬김이 사촌동생인 에스더 왕비를 통하여 민족구원의 역사를 일으켰다.

1. 세속의 왕에 대한 모르드개의 충성은 어떤 결과를 가져왔는가? 그것은 왜 알려지지 않았을까? (에 2:21~23)

2. 왕명이 있음에도 하만에게 꿇지도 절하지도 않은 행위는 어떻게 해석하는 것이 좋겠는가? (에 3:3~4)

3. 하만에게 절하지 않음으로써 이스라엘 민족 멸망의 위기로 다가왔다. 바른 신앙은 결국 누구의 문제로 바뀌는가? (에 3:13)

4. 하나님은 이 문제를 어떻게 해결하셨으며 모르드개는 결국 어떤 사람이 되었는가? (에 9:3~4)

❸ 회복의 섬김 – 에스라와 느헤미야

에스라와 느헤미야 이야기는 포로기 이스라엘에서의 이야기지만 식민지에서 율법을 지켜야 했으므로 상황은 오히려 오늘날과 더 유사하다. 기독교 신앙에 침투한 세속문화를 어떻게 이길 것인가?

1. 에스라의 귀국이 결정되었을 때 그는 어떤 결심을 했으며 이것은 오늘날의 무엇과 같은가? (스 7:10)

2. 하지만 에스라는 놀라운 사실을 알고 큰 충격을 받았는데 그것은 무엇인가? 오늘날 어떻게 해석해야 하는가? (스 9:1~2)

3. 에스라와 느헤미야는 이 문제를 어떻게 회복시켰는가? 오늘날에는 어떻게 해결할 수 있겠는가? (스 10:3, 느 13:27)

4. 에스라와 느헤미야는 이방여인을 내보냄으로써 정체성을 회복시켰다. 오늘날에는 무엇으로 이 문제를 개혁할 수 있겠는가?

우리가 꿈꾸는 세상

❹ 신약시대의 섬김

구약에서 물질은 하나님의 임재, 신약에서는 하나님의 뜻을 이루는 수단이다. 이스라엘 공동체 섬김에서 세상을 섬기는 것으로, 신앙의 목적도 여호와 신앙의 준수에서 전파하는 것으로 변경되었다.

1. 브리스가와 아굴라는 바울을 위하여 어디까지 섬길 사람이었는가? 그것은 하나님과 어떤 관계임을 뜻하는가? (롬 16:3~4)

2. 브리스가와 아굴라는 오늘날 대개의 성도들과 어떤 차이점이 있는가? 우리는 어디까지 자라가야 하겠는가? (행 18:26~28)

3. 아굴라와 브리스가의 신앙의 특징을 어디에서 알 수 있는가? 우리는 어떻게 적용할 수 있겠는가? (고전 16:19)

4. 두아디라의 옷감장사 루디아도 자기 집에 빌립보교회를 세웠다. 어떻게 해석할 수 있겠는가? (행 16:14~15)

❺ 현대적 포로기의 소망

예수님은 세상에 대해서 어떤 꿈을 가지고 계셨을까? 예수님은 전도하여 교회로 인도하는 일보다 예수님의 제자다운 삶을 더욱 원하신다. 예수님께서 3년 동안 보여주신 방식은 섬김의 방식이었다.

1. 하나님의 꿈은 무엇이며 그 꿈을 위해 무엇을 행하셨는가? 하나님의 꿈을 당신의 꿈으로 만들었는가? (시 50:1, 요 3:16)

2. 예수님의 꿈도 하나님의 꿈을 이루는 것이었다. 그것을 위하여 제자들에게 어떤 일이 일어나기를 원하셨는가? (요 17:11)

3. 제자들이 주 안에서 하나가 된 다음에 나타날 예수님의 두 번째 꿈은 무엇인가? 얼마나 쓰임 받고 있는가? (요 17:23)

4. 예수님의 두 가지 꿈은 어떤 방식을 통하여 세상에 이루어질 수 있겠는가?

우리가 꿈꾸는 세상
❻ 나눔과 적용

성경에서 하나님의 사람으로 살았던 포로기 인물들을 통해서 지침을 얻어야 한다. 우리가 꿈꾸는 세상을 생각하기 전에 우리가 꿈꾸는 우리 자신을 먼저 바라보아야 할 것이다. 다니엘과 모르드개와 에스라, 느헤미야는 이방 나라에서 민족의 정체성을 철저하게 지키면서도 모든 사람들을 온 힘을 다하여 섬겼다. 신약의 브리스길라 부부는 이스라엘이 아닌 이방의 세계에서 하나님의 동역자로 살았던 사람들이었다. 이들이 우리의 모델이 되어야 한다. 그리고 우리는 예수님의 꿈을 따라 살아야 한다. 우리는 하나 됨과 그것을 통하여 하나님의 사랑을 세상에 보여주는 꿈을 낮춤과 섬김으로 행하는 사람들이다.

1. 현대 그리스도인들의 삶의 모습들은 성경이 제시한 삶의 모델들과는 차이가 난다. 당신은 어떻게 생각하는가?

2. 세상을 향한 당신의 꿈은 무엇인가? 구체적으로 설명해보라.

우리가 꿈꾸는 세상
❼ 마무리 기도

하나님 아버지, 오늘의 내용을 통하여 우리가 이방나라에서 그리스도 인으로 사는 것임을 다시 생각하게 되었습니다. 우리의 주변은 거의 타종 교나 불신앙인들로 구성되어 있으며 많은 경우에 기독교에 대해 무관심 하거나 적대적임을 알고 있습니다. 그렇기 때문에 이스라엘 왕국 안에서 의 율법과 신앙을 지키던 모습들과는 다른 삶의 방식이 우리에게 필요한 것을 압니다. 우리는 이 세상이 완전한 천국이 될 수 없음을 알지만 그 천 국을 이 땅에 보여주어야 하는 사람들입니다. 그러므로 우리의 삶의 방식 에 대한 본보기로 포로기의 인물들을 살펴보았습니다. 거기에서 각 사람 의 형편에 따라 삶의 모델을 발견할 수 있도록 도와주시옵소서.

그러나 모든 것을 종합하여 주님께서 꿈꾸시던 세상을 우리도 꿈꿀 수 있기를 원합니다. 그것은 물론 마지막에 주어질 천국의 꿈이 될 수는 없 지만, 예수님은 어떤 세상을 꿈꾸시는 것이 아니라 제자들의 모습들을 꿈 꾸시는 말씀을 주셨음을 믿습니다. 그리고 그 꿈은 예수님의 꿈을 소유한 제자들의 낮춤과 섬김을 통하여 이루어질 나라라는 사실을 믿습니다. 그 러므로 우리가 하나 되고 그것을 통하여 하나님을 알게 하시려는 꿈을 실 현할 수 있도록 우리를 주관하여주시옵소서. 우리에게 꿈을 주신 예수님 의 이름으로 기도드립니다. 아멘.

제15장
섬김의 실제를 위하여

　이제 어떻게 세상을 실제적으로 섬길 것인가에 대한 문제가 남아 있다. 예수님은 과연 어떤 섬김을 원하시겠는가? 예수님은 어떤 일 자체에 관심을 두시는 것이 아니라 과연 어떤 마음으로 이웃을 섬기는가에 훨씬 더 큰 관심을 가지실 것이다. 바리새인들에게 섬김이 부족해서 예수님께서 그들을 비판하지는 않으셨을 것이다. 그들은 모든 일을 사람에게 인정받고 영향력을 지키기 위해 행했기 때문이었다. 따라서 어떤 마음가짐과 자세로 섬기는가에 대해서 구체적으로 살펴볼 때에 우리의 섬김이 실제적으로 연결될 수 있을 것이다.

　어떻게 예수님의 눈길로 모든 사람들을 바라볼 수 있을까 하는 마음가짐으로부터 시작해서 교회 안의 형제들을 어떻게 섬길 것인가, 우리가 삶 속에서 무수하게 만나게 되는 사람들을 구체적으로 어떻게 행동으로 섬길 것인가, 그리고 세상에서 소외되거나 차별받는 사람들을 어떻게 찾아서 섬겨야 할까, 마지막으로 개인 대 개인이 아니라 교회공동체에서 어떻게 지역사회를 제대로 섬길 것인가에 대해서 생각해보았다. 깊은 관심을 가지고 있으면 섬길 대상을 찾게 될 것이고 그들을 섬기다가 보면 다른 방향의 섬김에도 눈이 열릴 것이다.

섬김의 실제를 위하여
❶ 예수님의 눈으로 바라보기

우리는 도움이 필요한 사람들을 찾을 때 내 문제를 해결해줄 수 있는 사람을 찾 듯이 해야 한다. 우리에게 결정적인 도움이 되는 분은 바로 예수님이다. 예수님께 서 죄인을 찾듯이 사람들을 바라보아야 한다.

1. 예수님의 눈으로 이웃과 세상을 바라본다는 말을 예수님은 어떤 비유 로 설명하셨는가? (눅 15:4~6)

2. 예수님의 눈은 초청을 거절한 사람들이 아니라 어떤 사람들에게 맞추 어져 있는가? (눅 14:21)

3. 예수님은 죄인들을 보시고 하늘에서 비천한 곳까지 내려오셨다. 우리 도 마치 무엇처럼 찾는 눈을 길러야 하겠는가? (마 7:7~8)

4. 우리가 이웃과 세상을 바라보는 예수님의 눈길을 닮지 못하면 어떤 결 과가 올 수도 있겠는가? (겔 12:2)

섬김의 실제를 위하여
❷ 서로 종노릇하기(형제 섬김)

형제를 섬기지 못하면서 하나님을 사랑할 수 없다. 형제를 섬기지 못하면서 이웃을 섬길 수는 없다. 형제사랑을 통해 예수님의 마음을 알고 섬김을 배우지 못하고는 이웃사랑이 일어날 수 없다.

1. 사랑하면 섬길 수 있다. 요일 4:7~8과 4:11~12에서 '사랑'을 '섬김'으로 바꾸어서 읽어보자.

2. 우리는 예수님께서 하신 일을 그대로 따라가는 사람들이다. 형제를 사랑한다는 것은 무슨 뜻인가? (요일 3:16)

3. 형제를 섬긴다는 것은 무엇을 뜻하는 것이고 그것은 우리가 어떻게 되었다는 것을 뜻하는가? (갈 5:13, 요일 3:14)

4. 예수님은 선생으로서 제자들의 발을 씻기셨다. 우리는 어떤 사람으로 형제를 섬기는 것인가? (요 13:14~15)

❸ 대접받고 싶은 대로 대접하기

나그네는 마치 주인처럼 대접받고 싶을 것이다. 그것을 알고 나그네를 주인처럼 대접한다면 최상의 섬김이 될 것이다. 사람을 대할 때 반드시 입장을 바꾸어서 생각하는 습관을 들이는 것이 좋겠다.

1. 나와 전혀 관계없는 사람은 없다. 언제라도 서로 입장이 바뀔 수 있다. 삶에서 어떻게 표현될 수 있겠는가? (마 7:12)

2. 대접받고 싶은 대로 대접하는 것은 자기 자신과 같이 이웃을 사랑하는 것이다. 두 가지 예를 들어보라. (히 13:3)

3. 그런데 예수님은 대접받고 싶은 대로 대접하는 것을 넘어서 어떻게 할 것을 권면하시는가? (마 5:40~42)

4. 대접받고 싶은 대로 대접하는 것은 어디까지 그렇게 해야 한다는 것인가? (눅 10:35~36)

섬김의 실제를 위하여
❹ 지극히 작은 자들 섬기기

사람들은 부지불식간에 늘 예수님과 함께 있는 것이라는 생각을 하지 못한다. 또 자기의 행위가 예수님과 관계가 있을 것이라고도 생각하지 못한다. 그러나 예수님은 지극히 작은 자들과 늘 함께 계신다.

1. 그리스도인의 섬김은 사람들을 어떻게 보는가와 연결된다. 우리는 특히 작은 자들을 누구로 보아야 하는가? (마 25:40)

2. 하나님의 정의는 고아와 과부와 나그네들에게 어떻게 실현되어야 하겠는가? (신 10:18~19)

3. 하나님께서 기뻐하시는 경건은 교회에서가 아니라 세상에서 성취되어야 한다. 무엇이 참된 경건인가? (약 1:27)

4. 섬김은 생각날 때 하는 것이 아니라 빨리 작은 자들을 찾아서 섬기는 것이다. 당신은 어떤 마음가짐으로 섬김을 행하는가?

❺ 공동체로 지역사회 섬기기

섬김의 실천을 위해서는 교회공동체 차원에서 함께 시행해 나가야 한다. 그리고 개교회 뿐 아니라 지역의 교회들이 연합하여 섬길 수 있는 길을 찾아야 한다. 훨씬 효과적으로 섬길 수 있을 것이다.

1. 하나님은 교회 안에서 무엇인가를 행하는 것을 원치 않으신다. 교회 밖에서 무엇을 하기를 원하시는가? (사 58:6~7)

2. 이스라엘이 포로로 잡혀갈 때 하나님은 무엇을 명하시는가? 이것은 어떻게 세상을 섬기라는 것인가? (렘 29:4~7)

3. 예수님은 잔치 집에 부족한 포도주를 제공하셨다. 이것은 지역을 어떻게 섬기라는 뜻이겠는가? (요 2:9~10)

4. 우리는 세상의 빛이다. 오늘날 그 빛이 많이 사라진 이유는 무엇인가? 어떻게 세상을 섬겨야 하겠는가? (마 5:14~16)

섬김의 실제를 위하여
❻ 나눔과 적용

섬김은 기본적인 의식이 갖추어지면 언제 어떤 식으로든 이루어질 것이다. 먼저 사람들에 대한 시선을 바꾸어야 한다. 다 도와주고 도움을 받아야 할 대상들이고 용서하고 사랑해야 할 대상들이다. 그래서 잃어버린 양 한 마리를 찾는 눈으로 볼 수 있어야 한다. 그런 시각으로 형제들을 섬겨야 한다. 서로 종노릇해야 하는데 주인이 아니라 종으로 섬기는 것이므로 자랑할 것이 없다. 인간은 모두 똑같은 입장이라는 공감의식으로 갑절을 섬기는 것이고 소외된 자에게 정의 곧 하나님의 사랑이 차별 없이 주어져야 하며 더 나아가 교회공동체를 통하여 지역 전체를 섬기는 것이어야 한다.

1. 당신이 본장을 통하여 낮춤과 섬김에서 가장 크게 깨달은 것은 무엇인가?

2. 섬김의 실천에서 당신이 가장 약한 부분은 무엇이고 앞으로 어디에 주안점을 두고 섬기겠는가?

섬김의 실제를 위하여
❼ 마무리 기도

아버지, 이제 어떻게 세상과 사람들을 섬길 것인가에 대해서 고민해보게 되었습니다. 아직 구체적인 섬김의 방안이 나온 것은 아니지만 아버지께서 원하시는 섬김의 자세를 배우고 그런 의식을 가지고 구체적으로 사람들을 섬길 수 있도록 지혜와 능력을 더하여 주옵소서. 우리의 섬김은 특정한 봉사의 일을 한시적으로 행하는 것이 아니라 지역이나 장소나 시간과 관계없이 어느 때나 우리와 가까운 곳에 우리의 섬김이 필요할 때 우리가 할 수 있는 최선의 일을 감당하는 것인 줄 믿습니다. 그러려면 낮춤과 섬김에 대한 성경적인 개념을 분명하게 세우고 우리의 의식 속에 깊이 자리 잡게 해야 할 줄 압니다. 그것이 우리 자신에게 일어날 수 있도록 도와주옵소서.

하나님, 우선 사람을 바라보는 시각을 한 마리 양을 찾는 심정으로 만들어주소서. 그러면 섬길 사람이 보일 줄 믿습니다. 그런 인식과 눈길로 세상을 바라보되 먼저는 교회 안의 형제들에게 실천함으로써 오히려 섬김의 참 마음과 자세를 배울 수 있도록 해 주옵소서. 그래서 꼭 어렵고 소외된 사람들뿐만 아니라 우리가 삶 속에서 만나는 모든 사람들을 향하여 대접받고 싶은 것의 갑절로 대접할 수 있도록 하시고 무엇보다도 기독교 전체가 하나 되어 각 지역을 섬길 수 있도록 이끌어 주옵소서. 예수님의 이름으로 기도드립니다. 아멘.

제16장
회복의 섬김에 대하여

예수님은 베드로로 하여금 자기 정체성을 회복하도록 섬겨주셨다. 우리의 섬김도 여기까지 가야 한다. 예수님은 우리가 죄인일 때부터 섬기셨고 성령님의 능력으로 구원받게 하신 후에 원래의 인간을 회복하시고 하나님의 일을 감당할 수 있는 참 제자로 회복시켜 주신다. 또한 이 세상을 회복할 수 있도록 지혜와 능력으로 섬겨주신다. 실로 예수님의 모든 섬김은 회복의 섬김이었던 것이다.

하나님은 우리에게도 이 회복의 섬김을 맡기셨는데, 우선 당장 닥친 물리적, 육체적인 문제를 해결해주고, 사회구성원으로서의 역할을 하도록 회복시키며, 참된 그리스도인으로서의 역할과 기능을 할 수 있도록 회복시키고, 세상을 회복하는 목표를 향하여 달려가게 하는 것이다. 그리고 우리 섬김을 통하여 본래의 천국을 보여주는 것이다.

섬김이라고 하면 어렵고 힘든 고아와 과부나 소외된 사람들을 돕는 것을 먼저 떠올리고 또 그것이 가장 기본적인 섬김이지만, 그리스도의 회복의 섬김을 생각한다면 거기에 그쳐서는 안 된다. 우리가 완전하게 누구인가를 회복시킬 수는 없지만 우리가 할 수 있는 최상의 섬김으로 인하여 성령님께서 사람을 변화시키기를 기대하는 것이다.

❶ 물리적, 심리적 회복을 위한 섬김

우리의 섬김의 대부분은 물질적이든 관심이든 봉사이든 어떤 현상의 해결에 집중되어 있다. 그것은 시작일 뿐이다. 이런 물리적 회복의 섬김을 통하여 다음 회복으로 이끌고 복음을 전파하는 것이다.

1. 예수님의 섬김은 백성들의 어떤 점을 회복해주시는 것이었는가? 당신은 예수님의 마음을 가지고 있는가? (막 8:3)

2. 그러나 그런 문제들 가운데는 근원적으로 존재하는 더 큰 문제가 도사리고 있다. 그것이 무엇인가? (요 5:14)

3. 네 사람이 침상에 태우고 와서 고침 받은 환자에게 예수님은 무엇을 명하셨는가? 그것은 무슨 의미인가? (막 2:11~12)

4. 다 그런 것은 아니지만 1차적인 문제가 해결되었을 때 어떤 현상이 나타나는 것인가? (요 11:4)

회복의 섬김에 대하여
❷ 사회적 회복을 위한 섬김

우리의 섬김의 목적은 그리스도의 복음이지만 그럼에도 사회적 회복을 목표로 이웃을 섬겨야 한다. 사회적 회복 자체가 목적은 아니다. 그러나 복음의 본질의 전달을 위해 사회적 회복이 반드시 필요하다.

1. 사회적 회복의 본질은 탕자의 비유에서 잘 나타난다. 아버지는 둘째아들을 어떻게 인식하였나? (눅 15:22~24)

2. 군대귀신이 나간 사람에게 예수님은 무엇을 명하셨으며 그것은 무엇을 의미하는가? (눅 8:38~39)

3. 나병환자에게 예수님은 무엇을 명하셨으며 그것은 무엇을 뜻하는가? (막 1:44)

4. 작은 자를 실족하게 하는 것은 얼마나 위험인 일인가? 사회적 회복의 차원에서 어떻게 설명할 수 있는가? (막 9:42)

❸ 그리스도인으로 회복시키는 섬김

섬김의 궁극적인 목적은 우리를 통하여 이웃을 신앙인으로 세우는 것이다. 섬김 자체는 구원이나 하늘의 상이 될 수 없다. 그 섬김으로 말미암아 한 사람이 죄 사함을 받고 구원에 이르게 하는 것이다.

1. 예수님의 목숨을 버리시는 섬김의 가장 근본적인 목적은 무엇이고 어떤 방식을 통하여 이루어지는가? (마 20:28)

2. 아담의 타락과 함께 우리의 죽었던 영은 그리스도로 인하여 무엇을 얻게 되었는가? (고전 15:22)

3. 복음을 전파하고 권면하고 가르치는 섬김의 일은 무엇을 지향해 나아가는 것인가? (골 1:28~29)

4. 바울이 빌레몬의 종이었다가 돈을 훔쳐 달아났던 오네시모를 섬긴 것은 그를 어떻게 만들기 위함인가? (몬 1:10~12)

❹ 세상을 회복시키는 섬김

세상의 회복은 하나님의 정의와 공의가 흘러넘치는 것이다. 그렇게 되려면 교회와 그리스도인이 회복되어야 한다. 물리적 회복, 사회적 회복, 영적 회복을 통하여 정의와 공의가 넘치게 될 것이다.

1. 아모스의 예언은 여호와께서 예배와 제사를 기뻐하지 않으시고 무엇을 더 기뻐하신다는 말씀인가? (암 5:22~24)

2. 아모스가 말한 정의와 공의는 훗날에는 무엇이 흘러넘침으로써 성취되겠는가? (롬 15:18~19)

3. 완전한 정의와 공의는 만물이 새롭게 됨으로써 성취될 것이다(계 21:5). 그것을 향하여 어떻게 나아가야 하겠는가?

4. 예수님은 우리에게 무엇을 누리게 하시는가? 그것은 정의와 공의의 세상과 어떤 관계인가? (요 16:33)

우리 그리스도인들의 낮춤과 섬김의 최종 목적은 원래의 회복이다. 곧 하나님께서 창조하신 원래의 인간과 세상으로 회복시키는 것이 목적이다. 원래의 회복을 이룰 수 있는 수단은 우리의 낮춤과 섬김뿐이다. 왜냐하면 예수님께서 똑같은 낮춤과 섬김으로 우리를 하나님의 자녀로 회복시키셨기 때문이다. 하나님께서 그렇게 하시듯이 우리의 섬김은 일정한 방향으로 진행되어야 한다. 물론 그렇게 진행되고 있지만 단지 1차적인 목적만 가지고는 하나님께서 원하시는 회복에까지 도달할 수 없을 것이다. 섬김의 본래 의도를 정확하게 이해하고서야 우리의 섬김은 가장 효과적으로 이루어질 수 있을 것이다.

1. 당신은 낮춤과 섬김의 목적을 본래의 인간과 세상의 회복이라는 차원에서 생각한 적이 있었는가? 어디까지 생각했는가?

2. 당신은 교회와 성도들의 섬김을 통하여 세상을 어디까지 변화시킬 수 있다고 생각하는가? 그것을 위해 무엇을 할 것인가?

❻ 마무리 기도

하나님, 아버지께서 우리의 교회와 우리들 자신에게 바라시는 모든 것을 완전히 이해할 수는 없지만, 오늘 이 시간을 통하여 우리의 낮춤과 섬김을 바라보시는 아버지의 시각을 조금은 이해하게 되어 참으로 감사드립니다. 하나님, 우리는 하나님의 전체적인 시각에서 생각하기보다는 우리의 좁은 시각 안에서 보기를 좋아합니다. 그러나 하나님, 그렇게 좁은 시각으로 섬김을 행한다면 쉽게 한계를 느끼고 끝까지 인내하지 못하며 스스로 지쳐서 결국 충분한 섬김을 감당할 수 없게 된다는 사실을 알게 되었습니다. 그러므로 하나님의 회복 프로그램 전체를 더 깊이 이해하게 도와주시고 주님께서 기뻐하실 섬김을 행할 수 있도록 우리를 인도하여 주옵소서.

아버지, 단지 1차적으로 육체적이고 물리적인 회복 수준까지 섬길 것이 아니라 우리의 섬김이 누군가를 사회적으로 회복할 수 있게까지 도울 수 있도록 해주시고, 소위 영혼사랑이라는 표현을 많이 하듯이 그 사람을 도와서 그리스도인으로 회복시킬 뿐만 아니라 그들이 성장하여 예수님의 제자의 수준으로까지 자랄 수 있도록 섬기게 해주시옵소서. 나아가서 세상이 복음으로 회복되어 정의와 공의가 넘쳐흐르는 회복에까지 우리가 쓰임 받을 수 있도록 이끌어주시옵소서. 우리를 완전히 회복시키는 예수 그리스도의 이름으로 기도드립니다. 아멘.